目次

外國媒體與國際學界推薦

無庸置疑的二戰全球史巨著。

——約翰．達爾文（John Darwin），《**帖木兒之後**》作者

登峰造極之作，匯聚作者畢生心血，改變我們對第二次世界大戰的看法，勢必會待在書架上很多年。

——理察．埃文斯（Richard J. Evans），《**納粹帝國三部曲**》作者

歷史學大師奧弗里主張，我們不該把第二次世界大戰簡單理解成善良西方民主國家與德義日等邪惡法西斯國家的對抗。他認為二戰起因於舊帝國秩序受到新崛起帝國的挑戰，而其結果就是舊帝國秩序的瓦解與新民族國家的崛起。這一框架幫助奧弗里運用其無以倫比的淵博知識，打造出一部真正的二戰全球史，同時也是他的生涯代表作、畢生對二戰深入反思的結晶。必讀之作。

——方德萬（Hans van de Ven），《**戰火中國1937-1952**》作者

我們西方人很難想像一個沒有希特勒的二次大戰，但對數百萬亞洲人來說，那些年的衝突確實跟納粹與猶太人滅絕不大相關。這場戰爭也不是民主對抗獨裁，而是帝國與帝國之間的衝突。奧弗

里融入了歐洲以外的歷史經驗，重新講述這場看似熟悉的戰爭。

——芮納・米德（Rana Mitter），**《被遺忘的盟友》作者**

在時間跨度、內容深度及學術嚴謹度上都不同凡響，在領域廣度及視野清晰度上也令人印象深刻。本書正確地把二戰起點提早到一九三一年的中國。

——賽門・蒙提費歐里（Simon Sebag Montefiore），**《耶路撒冷三千年》作者**

今年是二戰史的豐收年，我們有了奧弗里這部篇幅宏大的著作。他把二戰重新定位成帝國的最後一搏，而不是單純的領土衝突。

——齊斯・洛韋（Keith Lowe），**《二戰後的野蠻歐陸》作者**

在寫出二十幾本相關著作後，奧弗里拓展了規模，真正將二戰視為一場全球戰爭。這一視角帶我們用不同角度理解二戰，認識二戰的本質。

——丹尼爾・因莫瓦爾（Daniel Immerwahr），**《被隱藏的帝國》作者**

二戰應該要被理解成一場橫跨歐亞且環環相扣的全球衝突。如今有許多優秀史家都在拓寬我們對亞洲二戰史的研究，其中之一就是李察・奧弗里。他在新書中主張，軸心國自視為帝國擴張的後進，並且為了取代英法帝國主導的全球秩序而發動戰爭。

——蓋瑞・巴斯（Gary J. Bass），**《東京大審判》作者**

本書以獨特視角挑戰讀者對二戰的各種假設，本人願意給予最高度推薦。

——馬克・蒙茲克拉羅斯（Mark Montesclaros），**美國陸軍戰爭學院講師**

本書觀點新穎且略帶爭議，認為帝國擴張才是二戰參戰國的原動力與核心，而且不僅適用於軸心國，也包括英法等同盟國。

——強納森・克魯格（Jonathan Klug），**美國陸軍上校，戰略學者暨軍事史家**

本書講述一段耳熟能詳的歷史，卻沒有落入陳腔濫調的窠臼。這是一部真正國際性的作品，對歐洲和亞太地區給予同等關注。任何對二戰史感興趣的讀者都應該要有一本。

——葛蘭特・霍華德（Grant T. Harward），**美國陸軍軍事史研究中心研究員**

即使是最熱衷於研究這場戰爭的人，也能從本書中學習到新觀念。

——傑瑞・萊納柏格（Jerry D. Lenaburg），**資深軍事分析師**

由於沒有一場戰爭的後果比二戰更嚴重或更深刻，人們常出於直覺認為這場戰爭的起因肯定同樣深刻。但奧弗里提供了大量證據，證明兩次世界大戰都是偶然意外及個人因素的產物。

——格佛瑞・羅伯斯（Geoffrey Roberts），**愛爾蘭軍事史家**

奧弗里是英國最傑出的歷史學家之一，也是世界上研究二戰的重要權威，沒有人比他更有資格解釋這場戰爭。本書匯集了他數十年來的學識及思考，對這場全球戰爭進行了無與倫比的研究，幾乎每一頁都能帶來啟發與見解。

——傑洛米・克蘭（Jeremy A. Crang），**蘇格蘭軍事史家**

為什麼還需要一本新二戰史？本書希望挑戰人們普遍抱持的假設，即認為二戰僅是源於軸心國的侵略野心。書中的數據、資訊與見解令人目不暇給，就算是最專業的讀者也能受益匪淺。

——**《經濟學人》**

本書用最鋒利的手術刀解剖戰爭的每一個層面，無疑是最好的歷史著作。

——**《紐約時報》**

不朽之作，難以想像哪一本書對二戰的研究能比它更全面。

——**《華爾街日報》**

歷史學家往往非常專業化，很少人能像奧弗里一樣，同時精通於外交、經濟、戰爭技藝及戰爭罪行等不同領域。他寫過多本好書，但這本最好，使所有過去關於二戰的著作都黯然失色。

——**《泰晤士報》**

奧弗里的詮釋從根本上改變了人們對二戰的看法。

——**德國《世界報報》**

臺灣各界試讀推薦

本書以二戰為中心，同時處理亞、歐兩個戰爭空間，運用巨量資料剖析戰前國際糾葛、戰後罪行審判、戰場上的軍事殺戮、戰場下的強暴屠殺與民間抵抗……厚達三冊的巨著，以多重視角、多元面向告訴讀者：想瞭解歷史，沒有懶人包，只有耐心閱讀與持續反思！

——**伍碧雯**，臺北大學歷史學系副教授

在二戰結束即將屆滿八十年的此刻，重新探討這場戰爭的歷史，意義為何？李察．奧弗里在本書敘寫上有兩大洞察：首先，拋棄「民主vs.獨裁」的道德文飾，直指二戰根本就是「帝國」之間的衝突；其次，矯正「歐洲中心觀」的視野扭曲。除歐陸之外，戰時或戰後的印太區域也相當關鍵，戰爭對於東、西方的影響都難以磨滅。這兩大洞察引導讀者至全球史的格局，且在人類逐漸面臨第三次世界大戰的隱憂中，構成批判帝國行徑、突破國界藩籬、跨越文化隔閡等行動的重要基礎。

——**黃春木**，建國中學歷史科教師

本書以二戰為題但不限於二戰，透過「帝國」這個有力的解釋框架，詳細鋪陳前因後果，將

十九世紀末至二十世紀中龐大歷史事件，編織出一幅成彼此相關、充滿意義的圖像。二戰、戰爭、帝國、民族國家在一〇八課綱歷史必修、選修課程都是重要主題，與本書疊合度非常高。現今課程強調的區域互動，也與本書全球視野互通。光是將二戰起點設定在一九三一年就極具眼光。二戰雖然如此重要，課堂談法卻容易陷入窠臼。本書有最新的研究成果，以及作者深具眼光的解讀，加上譯文流暢好讀，將成為歷史老師備課、進修的重要參考。

——**蔡蔚群**，北一女中歷史科教師

英國軍事史巨擘李察．奧弗里跳脫以往的框架，改以宏觀的歷史角度為經緯，從十九世紀後期開始出現的新帝國主義切入，抽絲剝繭地剖析第二次世界大戰各主要交戰國累積幾十年之久的諸多內外部問題，還有各方利益衝突的根源，進而帶領讀者重新看待並思索這場至今依然影響到世界許多地方的全球大戰，並深入探討戰爭在軍事以外各層面的影響。若是把第二次世界大戰比喻成一個人，以往的戰史可說是外表和血肉，而這本書就是骨架和靈魂。

——**于倉和**，資深軍事譯者

我們為什麼要讀二戰歷史？我的答案很簡單：歷史會重演。這場人類歷史迄今最大規模的戰爭，從衝突管理、戰略戰術、人力動員等各個層面，都是遠離戰爭許久、但是身處高度戰爭風險的我們，最好的借鏡。以烏俄戰爭為例，儘管武器科技日新月異，仍然難逃壕溝戰等傳統打法；而與平民相關的人力動員、民防知識，早在二戰就有許多前車之鑑，也有許多難以想像的慘烈後果。本書與其他二戰歷史書籍的差異，在於不只著重於戰略、戰術與戰具，而是更貼近你我的生活，真正從二戰歷史經驗，準備戰爭並且避免戰爭。

——**相振為**，Podcast「軍事相對論」主持人

全球有關二次世界大戰的書汗牛充棟，但本書的分析與解釋令我印象深刻。除了描述戰爭歷史概況之外，本書從人力、記憶、經濟、道德、平民、情感及法律等面向，分析二次世界大戰各國成敗的重要因素。即使在二十一世紀的烏克蘭戰爭，這些指標仍可作為分析的重要參考。本書詳細的引注更顯示作者的旁徵博引及對自己論述的嚴謹態度。

——**沈明室**，國防安全研究院國安所所長

描繪二戰歷史的相關書籍五花八門，奧弗里的這本書卻能做到在敘述上文字流暢且情節吸引人，在論理上又能提供科學且系統化的證據和具測量性的理論觀點來輔佐，這對一般讀者或者研究者來說，都是難得的瑰寶。尤其現在我們已不能稱為處於無戰的和平盛世，烏俄戰爭或以哈衝突，乃至於臺海之間都可說是深受二戰後安排的影響，要能釐清其中脈絡，本書不得不讀。

——**廖小娟**，臺灣大學政治學系副教授

生活在當前臺灣的人，大都不曾經歷過戰爭，但戰爭離我們其實不遠——無論是過去的戰爭，還是未來可能的戰爭。二戰扭轉了歷史的走向，也改變了眾多群體的命運——包括臺灣在內。臺灣不僅要處理過去的戰爭遺緒，更要做好準備，面對日益深刻的戰爭威脅。如何認識戰爭、思考戰爭，是當下共同體成員無法逃避的嚴肅課題。這部不落窠臼的鉅著，將二戰描繪為「領土型帝國的最後一戰」，對於目前依舊處在帝國夾縫中的臺灣，尤其具有啟發意義。除了帶入新的觀點講述二戰歷史，作者更從各個不同的主題與面向，深入探討「戰爭與社會」之間的多重關係與變貌，值得臺灣讀者細讀深思。本書不僅幫助我們重新認識二戰、思考二戰與當前國際局勢的關係，也刺激我們進一步探問：帝國之間的戰爭，真的結束了嗎？還是將以新的組合與樣態，重返全球歷史的舞臺？帝國角力下的臺灣，要如何自處與應對？我們做好準備了嗎？

——**汪宏倫**，中研院社會學研究所研究員

專文導讀

從全球史的視角重新認識第二次世界大戰史

楊肅献（臺灣大學歷史學系名譽教授）

一

這部《二戰》的原文書名為《鮮血與廢墟》（*Blood and Ruins*），是英國著名二十世紀史家李察．奧弗里（Richard J. Overy）在二〇二一年出版的第二次世界大戰史新著。在這部將近千頁的鉅作中，作者以史詩式的筆法，對第二次世界大戰（以下簡稱「二戰」）這場人類史上規模最巨大、衝突最暴烈、損傷最慘重、影響最深遠的全球衝突，從全球史的視角，做全面的歷史重建：解析其歷史源起，敘述戰爭的全程，深入支撐這場戰爭的動員機制，詮釋二戰對世局結構的衝擊與影響。

奧弗里教授畢業於英國劍橋大學，先是留在劍橋大學擔任研究員與講師，教授近代史；一九九四年因傑出學術表現，獲英國倫敦大學國王學院聘任為近代史教授；二〇〇四年，轉任埃克塞特大學歷史系教授。奧弗里教授長期投入二戰史的研究與寫作，著作等身。他在一九八〇年發表第一本關於二戰的專著《空戰：一九三九—一九四五》得到好評。從一九八〇年迄今，奧弗里教授耕耘不懈，已經出版超過二十部二戰的專書。他在這方面的研究成就，無論在質或量上，都很驚人，後人應該難以企及，遑論超越。

《鮮血與廢墟》是一部有關二戰史的嶄新宏大敘事，其寫作建立在奧弗里教授數十年來對二戰的閱讀與研究基礎上面。奧弗里教授個人的專精領域是歐洲戰場，歐洲以外部分，則廣泛蒐集、閱讀其他專家有關北非、中東、東亞、東南亞與太平洋戰場的研究，納入他的敘事、分析架構，予以適當的呈現。此外，一九九〇年代蘇聯解體，冷戰結束，前蘇聯和東歐國家的檔案逐步開放，史家對蘇聯與東歐各國在二戰中的作為，也有了新的認識與洞察。這部書對歐洲東線戰場遂而有更完整、深入的敘述，對蘇聯人民在這場「衛國戰爭」中的奮戰與其對盟軍擊潰納粹德國的貢獻，做了更適切、合理的詮釋。

二

奧弗里教授從幾個核心視角，來重新書寫、詮釋第二次世界大戰史。首先，這場國際衝突本質上是一場「帝國戰爭」，根源於十九世紀後期新帝國主義「領土型民族帝國」的興起。這一波民族帝國的領頭羊英國與法國，在十九世紀後期的殖民競奪中攫取大部分非洲與東南亞，又在一戰後託管原鄂圖曼帝國的中東領地。另一方面，奧弗里教授指出，十九世紀後期，歐洲的義大利和德國，及東亞的日本，先後經歷現代國家重建與工業革命的洗禮，崛起為新興的民族國家，具備強烈民族認同與強大經濟實力。三個新興民族國家自認為領土狹小與資源貧乏，民族「生存空間」不足，而企圖向外擴張。他們意圖仿效英國、法國與荷蘭的先例，建構自己的「領土型民族帝國」，拓展生存空間。

當時，非洲、中東、東南亞等地區已大部分被英國、法國與荷蘭等舊領土型帝國占有，而日本、義大利與德國等新興國家只能在這既有格局中，想法開拓新的殖民空間。從一九三〇年代初，日、義、德三國開始在自己的周邊地區尋找空間，以建立自己的「領土帝國」：首先是日本侵略中國的滿洲，並染指華北地區，繼而是義大利入侵東北非衣索比亞、北非利比亞與巴爾幹阿爾巴尼亞，最後是納粹德國在中、東歐的擴張，包括併吞奧地利與捷克斯洛伐克、圖謀波蘭與烏克蘭。

日本、義大利與德國積極拓展民族生存空間、建立民族帝國的野心，踐踏了《凡爾賽條約》建立的國際秩序，更威脅到英國、法國與荷蘭等舊民族帝國的安全與利益，遂而引起衝突。義大利在東北非與北非的擴張，挑戰了英國與法國的利益；日本控制滿洲，威脅到蘇聯的安全，其對東南亞的野心，也令英國、法國與荷蘭不安；德國在中、東歐的兼併，嚴重危害法國在一戰後在歐洲建構的集體安全體系。在奧弗里教授看來，二戰本質上可說是新、舊兩種領土型民族帝國間的矛盾與衝突。這構成了這本新二戰史的敘事主軸。

其次，從全球衝突視角來看，奧弗里教授主張，二戰不是始於一九三九年八月德國入侵波蘭，而可往前推到一九三一年在中國策動的「九一八事變」。一九三一年九月十八日，日本關東軍在中國東北的瀋陽製造事端，藉故出兵東三省，成立「滿洲國」。這是二戰的先聲。九一八事變後，日軍繼而進入中國華北，不斷施壓中國，意圖將華北中立化與特殊化。中國因軍事實力薄弱，一再忍讓，始終無法遏止日軍的進逼。一九三七年七月七日發生盧溝橋事變，中國軍隊對日軍進行反擊，中日兩國正式開戰，東亞的二戰進入主階段。

一九三〇年代初，日本侵略中國，國際聯盟的反應軟弱無力，鼓舞義大利對東北非、北非與巴爾幹的擴張。同時，希特勒則重建德國軍備、撕毀《凡爾賽條約》、向中歐及東歐強勢擴張，而英、法等國際政治主角卻採取「綏靖政策」，一再對希特勒妥協。然而這反而鼓勵希特勒的冒進，一九三九年九月一日納粹德國以優勢軍力對波蘭發動閃擊戰。希特勒原本預期英國與法國會再度低調如故，任德國侵吞波蘭。不過，這次英法兩國終於承認綏靖政策失敗，為兌現保衛波蘭的承諾，在兩天後相續對德宣戰。這開啟了二戰的歐洲戰場。

二戰結束於一九四五年八月：歐洲戰場在五月九日結束，亞洲戰場則在八月十四日終止。這部書有關二戰的主敘述，如多數二戰史敘事一樣，終結於一九四五年八月。就本書的觀點，一九四五年八月日本無條件投降，帝國解體，代表了十九世紀後期以來近代領土型民族帝國建構運動的終結。不過，一九四五年八月終結的是日本、義大利、德國這一批新興的領土型民族帝國，英國、法國和荷蘭這些既有的領土型民族帝國仍然苟延存在。無如，二戰觸動一波波強力的反殖民運動，既有領土型民族帝國的殖民地或託管地在戰後紛紛要求獨立，殖民母國雖然做了抗拒，終無法阻攔這波民族獨立浪潮。到一九六〇年代，歐、亞、非的殖民地大都完成獨立建國的願望。本書主張，二十世紀前期民族帝國衝突引發的戰爭與動盪，要到這個時期才真正成為過去。

其三，二戰是一場真正的「全球戰爭」，大部分國家人民都被捲入。這一場大戰擴及到三大洲和兩大洋：主戰場是在大部分的歐洲、非洲北部、亞洲的中東、東亞與東南亞，以及北大西洋與西太平洋。在本書的敘事中，奧弗里教授跳脫長期以來二戰史過於偏向歐洲戰場（包含北非），而將「太平洋戰爭做為點綴」的缺點，盡量從「真正的全球衝突」角度來書寫，給予東亞、東南亞、太平洋戰場同等的重視與呈現。此外，本書也參照新的研究進展，對東線戰場與巴爾幹半島的戰事，也有更深入、詳盡的敘事。

從參戰國家與人民來看，二戰的「全球性」就更容易理解。這一點可以從大英帝國對殖民地的動員來說明。奧弗里教授指出，二戰是一場「帝國戰爭」，參戰的帝國都盡力動員控制地區的人力、物力與財力，支撐帝國作戰，這些被動員的控制區，經常是遠離戰場，或與戰爭無直接關係。

最典型的是英國對殖民地的動員。在這次大戰中，英國在四個自治領加拿大、澳洲、紐西蘭與南非，總共動員了兩百六十萬人，殖民地印度更動員了兩百七十萬人。這其中，紐西蘭、加拿大與南非都遠離戰場，而澳洲與印度雖受到日軍威脅，但不曾受到入侵。更有趣的是拉丁美洲國家的參戰。一九四二年，根據奧弗里教授的敘述，拉丁美洲的部隊也要求加入美軍的行列，「希望藉此在戰後秩序取得一席之地」。一九四二年，中美洲的墨西哥與南美洲的巴西陸續對軸心國宣戰。一九四四年，一個巴西師與一個空軍分遣隊到義大利參與對德作戰，而一九四五年，墨西哥也派遣飛行員參與菲律賓空戰。

三

二戰是一場完全的「總體戰」(total war)，參戰各國均投入大量人力與資源，將「將國家的各個部分與所有活動投入於戰爭」，以確保國家的生存。這種總體戰的概念與實踐，顯然是吸取一戰的動員經驗，並更全面、系統化的執行。

總體戰要發揮作用，需要一套有效率的「總動員」機制。總動員概念可溯源到法國大革命時期。一七九三年八月，法國革命政權面臨奧地利與普魯士聯軍入侵的威脅時，敲響「祖國危急」的警報，發出「大徵召令」(*levee en masse*)。這實質上就是一個全國動員計畫，號召法國國民：「壯丁須上前線，已婚男性應製作武器和運送補給，女性應縫製營帳、征衣，或當看護，孩童應將舊布製作繃帶，老者則應到公共場所去宣傳革命、鼓舞士氣。」不過，法國革命戰爭時的動員僅限於人力的動員，而一戰以後的動員，則涵蓋國家全部人力與資源。

二戰的總體戰機制，奧弗里教授指出，是在一戰經驗的基礎上進一步完善化，成為支撐二戰的重要基礎。這部書的第二部分詳盡、深入地討論維持此一總體戰爭的各種機制，包括：軍事與經濟的動員、戰爭技藝的發展、戰時的經濟治理等。在這方面，這部新二戰史跳脫了傳統戰史寫作偏向前線戰役敘事的窠臼，而加重後方的後勤動員的討論，凸顯其在戰爭中的重要性。這是這部書值得特別推薦的部分。

一戰以來，新科技應用於戰爭，促成武器的創新與戰術的革新。二戰期間，參戰雙方大力投資軍事科技，針對作戰需求開發新武器，以求出奇制勝。這部書用一節來討論「軍事作戰技藝」，介紹重要武器的改良或發明，包括飛機、戰車、潛艦、航空母艦、登陸艦艇、無線電與雷達、密碼術與密碼機等。另一方面，這類武器的運用往往帶動戰術創新。一九三九年九月一日，德國結合大規模空中攻擊與地面戰車洪流，迅速擊潰波蘭，成為閃擊戰的典型。一九四二年十二月七日，日本祕密派遣航空母艦艦隊，利用海軍航空部隊，成功偷襲珍珠港，發揮奇襲效果。在太平洋戰爭中，日本與美國均以空中攻擊打擊、消滅對方艦隊，改寫傳統海戰的戰術。同樣在太平洋戰爭中，日本與美國都結合空中轟炸、艦砲炸射與陸戰隊登陸，發展出兩棲登陸戰。美軍發展的兩棲登陸戰術，後來應用在盟軍登陸北非、入侵義大利與諾曼第登陸戰。

關於二戰的總體戰，奧弗里教授還點出一個有趣的觀察。這次大戰期間，參戰國家都高強度地動員國民參戰，要求國民為國家做無限的犧牲。然而，要求人民做巨大的犧牲，國家必須提出一套有力的論述或說法，說服國民這場戰爭的正義性與參戰的道德性。在這方面，奧弗里教授發現，參戰各國所做的愛國教育或宣傳都十分成功。軸心國的人民大都認可擴張民族「生存空間」的合理性；同樣，同盟國國民也大都接受，這是一場自由民主對抗獨裁專制的戰爭，參戰是為了保衛自由的生活方式，拯救文明於倒懸。

無論在前線或在後方，本書指出，這種全民動員以進行總體戰的信念，在雙方陣營中，都從未受到嚴重的質疑。「每個交戰國的工人發起的抗爭，規模都十分有限，充分顯示國家有充足的力量讓全國民眾一致支持總體動員的戰略……國家的成功使得二戰期間從未發生像一戰時期與一戰之後的革命騷亂……大規模動員建立在國家與民眾的共同信念上，這也構成了現代戰爭的總體性格。」這也說明了為何到了戰爭末期，德國與日本的軍民，明知戰敗已無可避免，卻仍然奮戰不懈，不願投降，寧為玉碎而不為瓦全。

四

綜言之，奧弗里教授從近代帝國競奪的角度，詮釋二戰的歷史意義，視之為近代世界最後一場「帝國戰爭」。經過這場大戰，十九世紀後期以來建立的領土型民族帝國，無論新、舊，紛紛在戰火下崩解。這是二戰帶來的最明顯地緣政治結果。「戰後不到二十年的時間，全歐洲的殖民帝國毫無例外地崩潰，取而代之的是由民族國家所建立的世界。」奧弗里教授寫道：二戰結束後的殖民地戰爭，「為新領土型帝國主義譜下一段混亂而暴力的終曲」。聯合國的成立，則見證了人類歷史「從全球帝國到民族國家的世界轉變」。之後的世界，則進入了一個「新全球時代」。

二戰史給臺灣社會的啟示

張國城（臺北醫學大學通識中心教授）

本書是我讀過的最好二戰史之一。

探討軍事和戰略議題，歷史積累非常重要。第二次世界大戰雖然已經過去八十幾年了，但是作戰的方式、運用的戰術很多對今天的戰爭仍然有重大的參考價值，包括空權的重要性、裝甲作戰等等。許多人對於戰爭如何進行、軍隊如何運作缺乏觀念。作者對戰爭的所有面向幾乎都做了廣泛又深入的論述（這也是本書篇幅之所以如此巨大的原因），它可以為任何讀者作為很好的一本戰爭和軍事入門參考書。

其次，本書可以協助瞭解二十世紀國際關係演進的動力。沒有帝國的衝突，二次大戰不會發生。作者有一個中心思想，就是認為二次大戰是一場「帝國戰爭」，而且是第一次世界大戰的延續。作者的分析指出，到了一九〇〇年，除了俄羅斯帝國外，所有現代化國家都建立了國會（雖然投票權有限），並以法律管治其公民。對於現存的政治和經濟菁英而言，這些改變導致他們喪失了傳統的社會權力和政治權威。在這種快速變化且不可預測的環境下，新興工業強國掀起了新一波的領土型帝國主義，試圖瓜分或支配世界上尚未被現有殖民帝國控制的地區。作者認為只有透過理解這一強大的，為了建設一個「帝國」的驅動力，才能深刻理解第二次世界大戰的長期根源。這個看法，以及作者的詳盡論述，是本書可讀性的一大來源。作者花在敘述戰後演變的功力是本書的另一亮點。戰後對英法殖民帝國的削弱，帶來了殖民地獨立浪潮，新興國家的大量出現，形成了今日世界的面貌——由於戰況太激烈，而使得「被承認」成為國家的新要件（而且可能是最重要的一項），改變了國際政治，這種脈絡對臺灣讀者來說，是非常重要的。

更重要的是，對所學是國際關係的筆者來說，「二次大戰是一次大戰的延續」在國外求學期間，是基本的討論基礎。但在中華民國的教育裡，一般來說並不（或很晚才）接受此一事實。過往都將二戰的原因解釋為日本帝國主義的侵略擴張，當然日本帝國主義的擴張是戰爭的原因，但他們為什麼要侵略擴張？反而很少人能夠瞭解。且基於政治因素，日本因素被擴大解釋，對今天兩個中國社會人們的世界觀都有眾所周知的深遠影響。無論如何，這都使我們很可能失去了一次用更為有效的方法，去面對和解析這一段歷史的機會。

本書也挑戰了很多過去的舊觀念，這要拜檔案的解密和作者的治史功力。譬如「綏靖主義」常被認為是英法在一九三〇年代的政策，而且這一政策鼓勵了希特勒的野心，導致了第二次世界大戰。但作者卻指出，用「綏靖主義」形容英法一九三〇年代的戰略其實是嚴重的誤解。作者認為二十年後冷戰時期常見的兩個詞反而更適合描述一九三〇年代的英法戰略，這兩個詞就是「圍堵」（containment）與「嚇阻」（deterrence）。而英國重整軍備，作者證明也早於德國。作者還指出同盟國彼此之間其實一直存在著足以破壞和諧的重大歧異與爭論，即使在大敵當前時都如此。這也凸顯了國與國之間的合作其實並不是那麼容易。作者也指出大量的歷史文獻努力想證明情報蒐集（特別是訊號情報）有利於作戰成功，然而實際的功效如何仍有爭議：「……情報在一層又一層複雜的決策機制中反覆折射，等到真正根據情報做出指示時，早已錯失寶貴的作戰時機，如此一來，即使是最好的情報也無法創造戰果。」這也顛覆了很多過去的論著，類此的例子在書中數不勝數，是筆者對這本巨著手不釋卷的重要原因。

除了書裡的內容之外，本書的架構和寫作方式也值得推薦。作者撇除許多有關二戰的中文著作基於國仇家恨和意識形態的敘述和評論。誠然每位作者都有表達的自由，但若要做知識性的討論和帶給讀者更多的啟發，則一種中立、不帶感情的行文方式對讀者的思考是有很大助益的。作者提到了一個非常重要的概念：「……傳統觀點認為，希特勒、墨索里尼與日本軍人就是造成危機的原因，但事實卻正好相反：這些人其實只是深層危機所引發的結果。換言之，如果我們不瞭解推動這段歷史的力量，就無法合理解釋戰爭的起源、經過與結果。」這對海峽兩岸的史觀形成了巨大挑戰，但作者用以支撐這一結論的論述相當完整和全面，非常值得仔細詳讀。

其次，雖然本書是敘述二戰，但對臺灣讀者理解今日臺灣面臨的軍事威脅是非常有幫助的。譬如臺灣的社會無論官方抑或民間，非常刻意地不談臺灣社會遭到中國空襲的可能性。因此臺灣社會的「民防」集中在「民兵」，實際上最能發揮功用的民防是遭到空襲之後的救火、救災與救護，還有在戰爭中維持經濟和社會的基本運作。本書對於二戰中各國如何進行這方面的努力，優點和缺點有非常詳盡的敘述。

然後對於資源的運用、同盟的維繫，作者指出必須仰賴國家本身具有「總體戰」的意願、能力和準備。「……集體動員是現代性的一種表現。唯有具備龐大工業與商業基礎、擁有大量受過技術訓練的勞動力、具有發展健全的科學體制，以及能夠取得適當資源與資金的現代國家，才有能力發動大規模戰爭與供給維持戰爭所需的武器裝備。……工業化戰爭，仰賴的是大量容易製造與相對廉價的現代武器，如此才能在戰場維持一支龐大的部隊，而且能在連續數年的戰爭中不斷補充武器——二十一世紀的國家往往已做不到這點，因為當前的武器有著極為昂貴的成本與極其複雜的科技。」所以，**在今天更需要在戰爭前就準備好戰爭所需的武器**。此外，作者也告訴我們，二戰給我們的寶貴教訓就是儘管軍事吸取絕大多數的經濟資源，但在軍事需求、財政穩定與適當的人民生活水準之間維持平衡極其重要。這部分特別值得近年來醉心於「城鎮戰」的臺灣社會去瞭解。不是光靠節衣縮食的犧牲精神與愛國心（縱使它可能非常強烈）就能贏得戰爭。作者指出，日本的裕仁天皇最終在八月十日做出投降的決定，至少有部分原因是裕仁擔心日本帝國在被美國擊敗之前，就因為饑荒造成的社會動亂而覆滅。這些都值得臺灣讀者反思我們今日所面對的局勢。

因此，筆者要非常榮幸地向出版社和譯者致上崇高的敬意，並向臺灣讀者們大力推薦這部巨著。

致力於調整二戰敘事下歐亞時差的巨著

葉浩（政治大學政治學系副教授）

先說結論：如果您正在尋找一本關於二戰歷史的書，而且希望單純一本就能提供相當詳盡的歷史細節乃至完整的學術文獻，那本書是不二之選。尤其是如果你希望有一本書能真正解釋為何二戰是真正的「世界」大戰，而不是一場歐洲大國之間的衝突外溢到各大洲，逐步將亞洲與美洲國家捲入，最後以投擲於日本的兩顆原子彈告終的戰爭，那更有理由閱讀本書。因為，這是一本將二戰理解為始於日本侵略東北，即一九三一年的「九一八事變」，雖形式上結束於日本投降，但戰爭的餘波盪漾到一九六〇年代，及至為數眾多的前殖民地取得獨立國家身份，締造一個以民族國家為基礎之新國際秩序為止的巨著。

閱讀本書，讓筆者憶起了在英國就讀高中時第一堂歷史課所學到的一個單字：historiography。此時的中文維基百科將這英文字譯為「史學史」，著眼於歷史學家的書寫來源是否可靠，有無偏見，屬於哪一種學派，採取哪一種道德判斷，書寫內容是否欲以修正人們對事實的理解，乃至關於做為一種事後理解的陳述跟事件當事人的親身經歷是否存在落差等問題，頗為全面。但當時課堂老師提供的解釋則相當乾淨俐落：那指的是歷史如何書寫，由誰書寫，以及寫給誰看的基本問題。歷史的第一堂課，就是要學會將這件事情謹記於心。

對於一個國中歷史考試常不及格的臺灣學生來說，對歷史書寫方法論的提醒，跟後來得知原來學歷史不但不用背年代，入考場還可以攜帶年代表，因為考試重點在於如何從不同觀點來對一個事件做出適當且平衡的判斷，一樣令人如釋重負，幾乎可說是一種解放。因為那承認了「歷史」敘事其實會有特定的預設觀點，會有特定立場，甚至從哪一個國家或民族的角度來書寫，本身不僅是「方法」上不客觀，更是一個「倫理」的問題——畢竟，那可能涉及了對某一方（無論是個人、民族或國家）親身經歷之根本否定。

《二戰》（*Blood and Ruins*）猶如是以上史學方法論的示範。重講故事，包括主角與人設，並據此來挑戰西方學界對「二戰」長久以來的主流理解，正是這一位以二戰歷史研究著稱的英國歷史學家李察．奧弗里（Richard Overy）撰寫本書的企圖。過去的書寫總是恪守客觀與平衡原則來陳述「敵國」立場的他，這次將東亞人民的實際經驗與集體記憶納入了更廣大的敘述當中，一方面讓試圖以帝國之姿躍上國際舞臺的日本、德國、義大利成為第二次「世界」大戰的共同主角，另一方面則藉此呈現交戰雙方主要國家在軍事、經濟、戰略及道德層面上的各種考量，包括各級人員的計算與失算，甚至是英國首相邱吉爾與美國總統羅斯福的各懷鬼胎，因此整體而言並不如戰勝國之後所宣稱的那樣是為自由和民主而戰，那樣正義。

書寫方法與角度之外，貫穿本書的是一個簡單的主張：二戰是一場新舊帝國之爭——舊帝國指的是大英帝國及同樣擁有許多殖民地的法國；納粹德國、法西斯義大利及奉行軍國主義的日本則是亟欲挑戰既存世界秩序的新帝國。是故，本質上這是一場「帝國戰爭」。不僅如此，作者也試圖證明，這是史上「最後」一場的帝國主義之戰，因為德、義、日其實想成為英、法那樣擁有殖民地的帝國，而且那是以單一「民族」的命運來考量，以「民族帝國」(nation-empire）為想像的一種帝國主義。換言之，這種野心想成就的是自身做為一個民族的偉大，而非帝國統治下的各民族之共榮！

如此一來，無論本書內容如何鉅細靡遺地書寫故事的共同主角，甚至區分符合傳統定義的國與國「戰爭」、「內戰」，以及人民主動對抗進入了國境之外敵的「平民戰爭」等不同種類的軍事衝突，敘事的主軸並不難掌握。在重新將二戰界定為「一九三一至一九四五」年間並正式開啟以民族國家為主的世界秩序之外，作者也從動員方式、人員種類、經濟模式重整、作戰技術和戰略乃至各式新科技的研發及使用，來證明那是史上第一場涉及了真正意義上的「總體戰」(total war）之戰爭，且相信讀者能同意那是唯有能真正壟斷武力使用權的現代國家才能發動及進行的戰爭。

關於總體戰，最引起筆者注意的細節之一是母校倫敦政經學院的參與。多數校友知道學校主建築當年是英國「經濟作戰部」(Ministry of Economic Warfare）的指揮中心，但本書作者則進一步描繪了學校也如何為戰時政府做出了詳盡的全民士氣及心理狀態調查。二戰後流行於美國的行為主義研究，在此時已是英國總體戰的社會科學後盾。認知作戰是總體戰不可或缺的一塊拼圖。同樣值得一提的是，本書作者也從道德角度來對戰爭提出反思，也針對交戰雙方提出的正義之詞來進行了分析與評估。不過，那並不是以「歷史法庭」審判長自居，而是從平民百姓在戰爭當中遭遇了何等苦難及舉國上下如何因為戰爭而犯下程度不一的各種罪行之角度，來進行的一種反省。

至此，相信讀者不難看出本書比起國內學界稱之為「人文」學科著作，更像是一個龐大的跨學科研究，歷史文獻之外也涉及了哲學、心理學、社會學、經濟學、政治學、國際關係乃至國際法領域的掌握。社會科學當中的事實描述、因果解釋、意義詮釋、同情理解乃至診斷、批判及處方的提出等許多學者只能堅守其一技藝，不但全都派上了用場，分析的層次從個人到集體，個別國家到國際體系，不一而足。史家之大者，或許莫過於此。

無論如何，本書為二戰研究樹立了一個典範。挑戰的對象除了二戰傳統敘事之外，也包括了西方「義戰論」（just war theory）傳統當中關於怎樣才能算是一場正義戰爭的六大原則（做為最後手段、正當理由與動機、合法權威、獲勝可能、武力使用必須符合比例、不得攻擊非戰鬥人員）之使用。誠然，置於奧弗里描繪的複雜戰爭圖像底下，基於上述原則的判斷並不總是黑白分明。不意外，關心國際戰爭法的讀者也能從本書當中獲得許多反思。至於本書論點究竟是支持或修正了近年來國際關係學界流行的「修昔底德陷阱」（Thucydides Trap）及據此斷定美、中這兩個舊新強權「注定一戰」的說法，則眾說紛紜。而試圖想建立一套「永久和平」（perpetual peace）機制的人，當然也不能錯過本書關於人們如何逐步走向戰爭的分析。

最後，筆者也必須指出，雖然本書因為納入東亞的戰爭經歷及集體記憶，不僅為歐美主流史學界填補了一個長達七十多年的空缺，也拉近了西方與非西方世界對二戰的理解，從而讓雙方在歷史分期、實際經驗及政治意義上都減少了肇因於時間維度上的認知差異，或說「時差」，但關於雙方如何捲入戰爭的意識形態尚有以思想史來補足的空間，尤其是社會達爾文主義在當中扮演的角色。此外，將二戰視為最後一場帝國戰爭的說法，或許也早了一些。畢竟，俄烏戰爭對許多人來說是另一場帝國擴張戰爭。美國則更是猶如房間裡的大象，其崛起過程無疑是歷經了帝國主義式擴張，才能從北美十三州發展為今日的強權，且此時是否為進行著新式的帝國主義，也並非沒有商榷餘地。

另一方面，鑑於本書的副標題取自英國作家及國際政治學者伍爾夫（Leonard Woolf，也就是著名作家維吉尼亞·吳爾芙的夫婿）關於帝國主義究竟會以和平方式走入墳墓，還是會以流血及廢墟收場，且正文既以此為開端，也以此為結尾，全書卻並未針對他做為核心成員的費邊社（Fabian Society）及其推動的和平運動進行討論。此外，也隻字未提伍爾夫的著作如何一方面成為國際聯盟的藍圖，另一方面卻對當時高漲的民族主義情緒及奠定於此的「民族自決」理念則有所保留。這一點不是想指著作者未寫的部分當做批評，而是意在強調，若想將關於和平推動者的那半個故事說得同樣詳盡與精彩，那恐怕得有另一位奧弗里才能堪當大任。

戰爭與性別政治的矛盾交錯

劉文（中研院民族所副研究員）

戰爭歷史經常充滿宏大的軍事、國族與科技競逐之陽剛敘事，而在《二戰：帝國黃昏與扭轉人類命運的戰爭》這本書中，鏡頭不只聚焦於前線的戰場，更涵蓋了後勤的軍事動員。二〇二二年烏俄戰爭開打以來，轉變了人們對於當代戰爭的想像，不僅是在各式傳統與非傳統的侵略模式的混合，也包含了大量的女性軍人從軍至前線作戰。事實上，軍事與性別一直存在孿生且矛盾的交織關係，一方面，女性被視為戰時最脆弱的一群，承受性化暴力的攻擊，另一方面，女性在危機時刻又被捧作為民族與文化的英雄，承擔著國家的榮耀與文化傳承。這兩者分裂的性別與軍事敘事實則都仍含有父權主義的投射，將女性置入於戰爭中的極端角色。若是要瞭解軍事動員與性別政治的交錯發展，《二戰》提供了更全面且平衡的圖像。

第二次世界大戰對於當代無論在地緣政治、軍事科技，以及社會文化上都是無比巨大的，更重要的是，它也意外地促成了第二波女性主義的發展。這個歷史的發展與戰時的人力動員策略有相當大的關係，本書指出，二戰所動員的資源與人力的規模史無前例：一九三〇年至一九四五年之間，主要參戰國即投入了超過九千萬名男女士兵，若包含全世界的人數，則超過一億二千萬。龐大的前線人力需求也意味著後勤的巨量勞力空缺，從武器、能源、軍用食品與衣物，等等，工廠的龐大人力需求促使父權文化貶低女性能力的各國，開始動員這一塊長期被視為只適合做生殖與養育勞動的人口。

除了蘇聯之外，各國徵召女性入伍至前線作戰的仍屬少數。在一九四二年至一九四三年的史達林格勒會戰中，被認為是史上傷亡最慘重的戰事之一，德軍集結兵團攻向了蘇聯治下的史達林格勒，雙方進入激烈的巷戰，為了防鎖德軍的攻勢，蘇聯派出第一獨立婦女志願步槍旅，也運用了大量女性至反空襲的高射砲砲兵，對於主張女性只屬於家務之傳統性別觀點的納粹，蘇聯女兵的形象成為冬日艱困戰事中的另一大衝擊。不過，如本書所述，這種傳統的意識形態在戰爭中也被逐步鬆綁，在二戰的「總體戰」想定下，德國女性被認為應該與男性一樣負起延續種族的責任。德國武裝部隊徵召了大約五十萬名女性擔任國防軍婦女輔助人員，負責處理軍事上之通信、文書，與行政部門的業務。

對於同盟國的民主國家成員，在人力所需的急迫下，也不得不放寬本來前線軍力中的性別限制，她們被派入美國與英國之陸海空部門，卻又面臨各式的歧視與阻撓，比如，有人認為女兵只能被女性軍官指揮，或者女性空軍只被給予老舊或性能不佳的飛機進行目標訓練，甚至服役期間身亡時，因為空軍被視為男人的職業，而在臨終之際都無法取得軍人身份。對女性的不公平處置，並未因為戰時的動員而得到全然的翻轉，而是一種「不得已」下的處置。也因此，當二戰結束，進入漫長的冷戰，美國社會尤其回到更加保守的性別狀態，倡導「男主外，女主內」的核心家庭。而戰後的失落、焦慮，以及不平等，逼出六〇、七〇年代的「女性自覺團體」，集體地上街頭挑戰父權系統的迫害。

女性除了首次擴大規模地出現在前線，二戰的總體戰設定，也產生了當代的「民防」系統。二戰相較於一戰，出現了轟炸機的新型武器，「空襲」不僅是摧毀敵軍軍事能力的戰術，更是一種擾亂民眾心理上的策略。德國對英國從一九四〇年至一九四一年的大轟炸，遍及英國的各大城市和工業中心，以倫敦受創最為嚴重，估計有四萬多人民死亡，超過十萬棟房屋遭到損毀。德軍的戰略，催生出首次由政府制定的完整民防措施，將平民納入戰爭準備的一環，賦予他們保護社區的任務，除了建立社會的韌性，更是透過大規模地動員來將戰災降到最低。英國中央政府在各地建設防空洞，並在「倫敦大轟炸」期間，製作了呼籲民眾「保持冷靜，繼續前進」(Keep Calm and Carry On)的海報，在當代英國的大街小巷，仍是相當流行，甚至成為一種當下焦慮時代下，象徵倫敦精神的詼諧指標。

《二戰》指出，在像是英國和美國等民主國家，民防通常為志願役，許多民防部隊由女性自願者加入消防隊、緊急救護、空襲警報員，以及防空洞管理員，等等，在各地維持民生並且穩定民心。而相對採取強制役的日本、德國與蘇聯，在二戰時則是出現最大規模的民防組織，徵召平民擔任民防職務，應對空襲、毒氣攻擊，以及轟炸後的緊急救難等等。二戰不只讓前線與後勤的界線進入灰色地帶，更是模糊了軍人與平民的分別，全球程度的人員與資源調度，也讓固有的傳統性別角色暫時鬆動。

自從二〇一四年俄軍入侵克里米亞，並且在二〇二二年全面進攻烏克蘭後，北歐與中東歐的各國也都拉起警報，二戰所帶來巨大的創傷，成為當代的借鏡。冷戰後多數人認為已經終結的戰爭歷史，正以更快速、更複雜的方式進行著。挪威、瑞典，以及丹麥三個民主國家，也在近年內更改兵役制度，增加戰備，甚至相繼將女性納入義務役制度。二戰給我們的課題，即是軍事與性別絕非毫不相干的概念，重要的問題不是該不該納入女性，而是如何給予已經在戰爭中的女性平等對待。

即使人們讚揚勇敢參戰的烏克蘭女兵，國際關係女性主義者辛西亞．恩洛（Cynthia Enloe）也分析了烏俄戰爭對性別的影響。長期下來由於性別薪資不平等所造成的問題，在戰時不僅被擴大，甚至加劇摧毀女性與其他弱勢者的社會福利網，而俄羅斯軍隊以性侵作為國族的侵略武器，也讓烏克蘭家中的創傷壓力和家暴狀況劇增。這些長期被放在幕後的性別端倪，都藏在歷史的細節之中。《二戰》給我們的警惕是，我們不能只是歌頌前線女性軍人的勇氣，因為這樣的論述忽略戰爭中所延續的性別不平等，若要追尋真正的性別正義，更需要瞭解戰爭與性別權力運作的矛盾全貌。在面對敵軍不斷加劇的威脅之下，臺灣更是必須在平時建立完善的性別意識與制度，減低不平等所造成的風險，這些準備都將有助於臺灣整體的防禦，成為一個真正具有韌性的社會。

審訂者序

揭仲（中華戰略前瞻協會研究員）

不久前，諾曼第登陸戰八十週年的各種紀念活動，吸引了全世界軍事與歷史愛好者的目光，我也是其中之一。

拜《搶救雷恩大兵》（*Saving Private Ryan*）與《諾曼第大空降》（*Band of Brothers*）等成功影視作品之賜，使這場有史以來規模最大的兩棲登陸作戰，在八十年後的今天依然家喻戶曉，甚至成為許多人對第二次世界大戰——這場戰火擴及歐洲、亞洲、中東與大西洋各地，上億人提起武器奔赴前線，最後劇烈改變世界面貌——最鮮明、有時甚至是唯一的印象。

事實上，這種將整場大戰聚焦於歐洲大陸、甚至是歐洲大陸幾場關鍵會戰的情形，並非只存在於影視產業，就連戰史研究與歷史研究等學術領域亦復如此；主要原因不是研究者的偏見或偷懶，而是所涉及的問題太過龐大、要閱讀與吸收的資料雖然已堆積如山、汗牛充棟，但仍舊難以涵蓋這場大戰的主要面貌。

儘管任務如此艱巨，但在第二次世界大戰結束迄今的近八十年中，還是有極少數學術巨擘成功完成這看似「不可能的任務」，替人類留下了以整場大戰為主題的著作；其中最令國人耳熟能詳的，應該就是英國戰略和軍史大師李德哈特（B.H. Liddell Hart）所撰寫的《第二次世界大戰戰史》

（*History of the Second World War*）。

李德哈特這套《第二次世界大戰戰史》儘管在很多方面都極具價值，例如他所關切的重點不僅只有歐洲大陸與北非，也用相當篇幅來探討太平洋與亞洲大陸的戰事發展，但對今日有興趣接觸這場大戰歷史的讀者來說，仍然有些美中不足！

首先是李德哈特這套巨著描述的時間，是一九三九年到一九四五年，以致無法對導致這次大戰爆發的前因及序幕——例如一九三六年至一九三九年間，日本帝國與中華民國之間的戰事——與這次大戰所造成的各種後果，提供足夠的解釋與說明；其次是受限於成書年代，許多與這次大戰相關的史料，不是仍未出土或完成整理，就是還塵封在許多共產集權國家的政府檔案館中，當然李德哈特也無法運用今日的許多技術，來快速地爬梳、整理大量的資料。

更重要的是，李德哈特在撰寫時，還是以「戰史」為主軸，也就是將焦點置於同盟國與軸心國二大陣營間的軍事衝突上，使隱藏在軍事衝突背後的政治、經濟、社會與文化脈絡，也就是本書作者李察・奧弗里（Richard Overy）所強調的「推動這段歷史的力量」，就無可避免地遭到簡化、甚至省略。

因此，衛城出版社這套《二戰：帝國黃昏與扭轉人類命運的戰爭》（*Blood and Ruins：The Last Imperial War, 1931-1945*），就成為國內出版界繼李德哈特的《第二次世界大戰戰史》後，另一部以整個第二次世界大戰為主題的重量級譯作。

首先，作者李察・奧弗里成功跳脫以往「同盟國為維護世界和平，挺身對抗軸心國的侵略」此一行之有年、大家也耳熟能詳的觀點，將論述的核心置於「推動這段歷史的力量」，以及這股力量如何導致戰爭爆發，又如何造成各傳統帝國的崩解與現代國家體系誕生，讓讀者能從更宏觀的角度，來看待這場扭轉人類命運大戰。

其次，作者擺脫傳統的時間分野，將第一次世界大戰與第二次世界大戰放在一起，視為第二次「三十年戰爭」（Thirty Years War）的前後兩階段，讓讀者能對戰爭的起源、過程與結果有更清楚的瞭解。例如作者在書中，就對一九三一年日本侵占東北的「九一八事變」，與一九三七年到一九四○年日本帝國與中華民國的戰事，就有相當的陳述，能彌補許多西方同主題著作之不足。

同時，作者強調應該將第二次世界大戰，理解為一起全球性的事件，甚至強調「相較於在歐洲戰場擊敗德國，亞洲的戰事及其結果對戰後世界的影響可謂有過之而無不及」，使得在作者筆下，歐洲大陸以外的戰場不再只是配角，讓讀者能有藉由閱讀本書，清楚認識這場大戰的全貌。

最後，作者更爬梳、整理這場大戰中，各個面向的大量史料，讓讀者除了傳統帝王將相如何鬥力鬥智的視角，也能接觸到更多、更廣泛、更深刻的角度，對這「最後一場帝國戰爭」史無前例的「總體性」，獲致更深入的瞭解。例如，作者在書中不僅描述這場「總體戰」是如何的進行，也將視角延伸到戰線後方支持總體戰的平民與社會，並探討此一過程所造成的各種影響與後果，與對經歷戰火的人們所帶來的傷害。

這些特點，使這套《二戰：帝國黃昏與扭轉人類命運的戰爭》，不僅能讓已經飽讀戰史的讀者，能藉由閱讀本書，對這場大戰獲致更全面、更深刻的體會；也適合亟欲理解這場改變人類命運的大戰，卻又對傳統戰史中大量軍事細節與術語感到困擾的讀者。

另外，雖然作者李察・奧弗里謙虛地表示，因為第二次世界大戰的軍事衝突部分，已有許多優秀作品做出深刻的探討與詳盡的記載，所以他不做過多的陳述；但實際上，作者在書中對軍事衝突的重要過程，與影響軍事衝突走向的關鍵因素，都有精闢的分析與要言不煩的介紹，也非常適合對戰史有興趣的入門者閱讀。

誠如作者李察・奧弗里所言，本書除了是針對二戰時期提出大問題的歷史作品，也是一部關於死亡、恐怖、毀滅與貧困的歷史，所描述的是人類所經歷的「巨大苦難」！乍看之下，雖讓人感到沉重，但瞭解這些苦難的目的，是要從歷史中獲得教訓，讓人類在當前世局看似無窮盡的黑暗隧道中，仍能保持冷靜並獲得勇氣；因為誠如李德哈特所言，歷史顯示「最長的隧道也還是有其終點」，所以只要人類能記取教訓、保持冷靜，然後鼓起勇氣繼續前行，則人類文明的列車一定能從黑暗的隧道中衝出，迎來光明。我相信這套《二戰：帝國黃昏與扭轉人類命運的戰爭》，也能和許多經典著作一樣，提供人類必要的教訓與指引。

只希望人類在衝出隧道後，仍能繼續記取歷史的教訓，才能實現已故國內戰略研究宗師鈕先鍾教授，在替李德哈特《第二次世界大戰戰史》的中文版撰寫譯者前言時，於結尾所許下的心願：「但願後冷戰世界所看見的是真正的陽光而不再是幻影！」

地圖參照

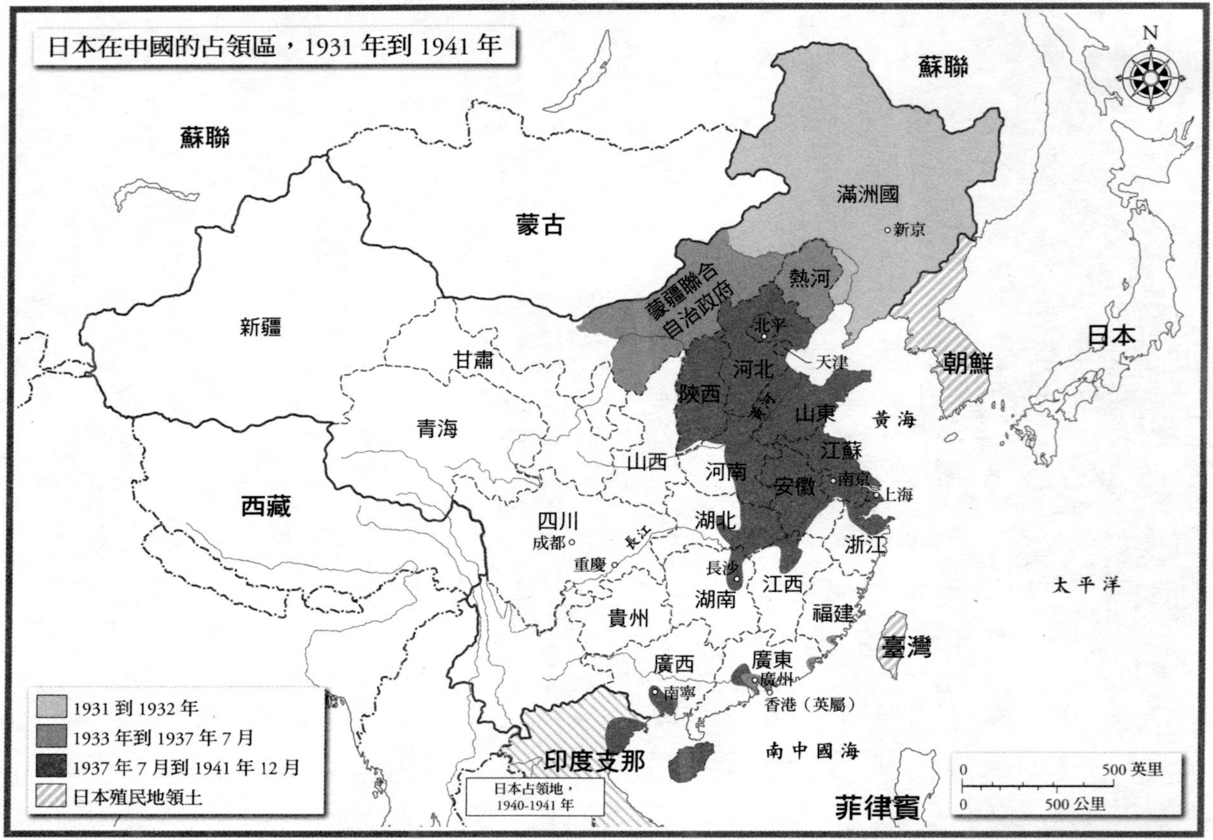
日本在中國的占領區，1931 年到 1941 年
N
蘇聯
蘇聯
蒙古
滿洲國
新京
熱河
蒙疆聯合自治政府
北平
天津
河北
陝西
山東
山西
河南
江蘇
安徽
南京
上海
湖北
浙江
新疆
甘肅
青海
西藏
四川
成都
長江
重慶
長沙
江西
湖南
福建
貴州
廣西
廣東
廣州
南寧
香港（英屬）
臺灣
朝鮮
日本
黃海
太平洋
南中國海
印度支那
菲律賓
日本占領地，1940-1941 年
0 500 英里
0 500 公里
1931 到 1932 年
1933 年到 1937 年 7 月
1937 年 7 月到 1941 年 12 月
日本殖民地領土

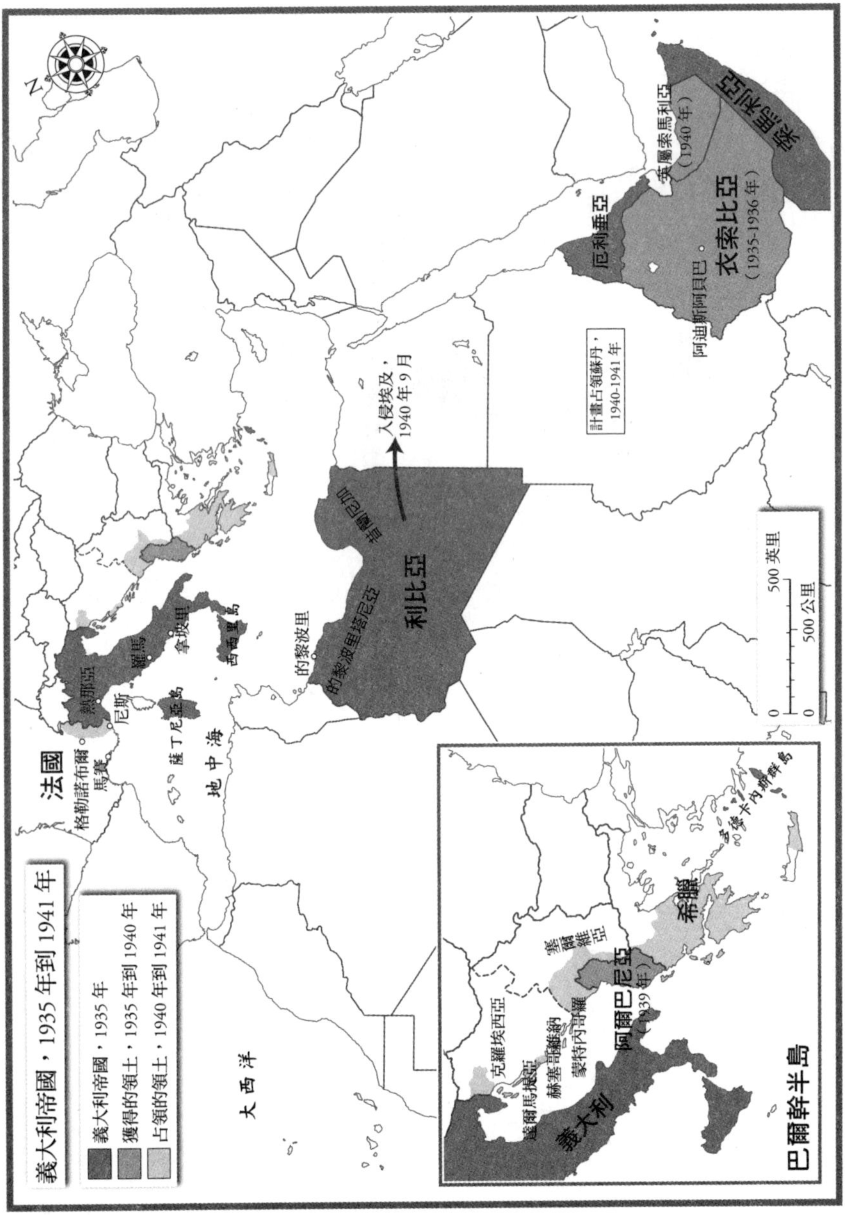
義大利帝國，1935 年到 1941 年
義大利帝國，1935 年
獲得的領土，1935 年到 1940 年
占領的領土，1940 年到 1941 年
法國
格勒諾布爾
馬賽
尼斯
熱那亞
羅馬
拿坡里
西西里島
薩丁尼亞島
地中海
大西洋
的黎波里
的黎波里塔尼亞
昔蘭尼加
利比亞
入侵埃及，1940 年 9 月
計畫占領蘇丹，1940-1941 年
厄利垂亞
英屬索馬利亞（1940 年）
索馬利亞
阿迪斯阿貝巴
衣索比亞（1935-1936 年）
0
500 英里
500 公里
巴爾幹半島
義大利
克羅埃西亞
達爾馬提亞
赫塞哥維納
蒙特內哥羅
阿爾巴尼亞（1939 年）
塞爾維亞
希臘
多德卡內斯群島

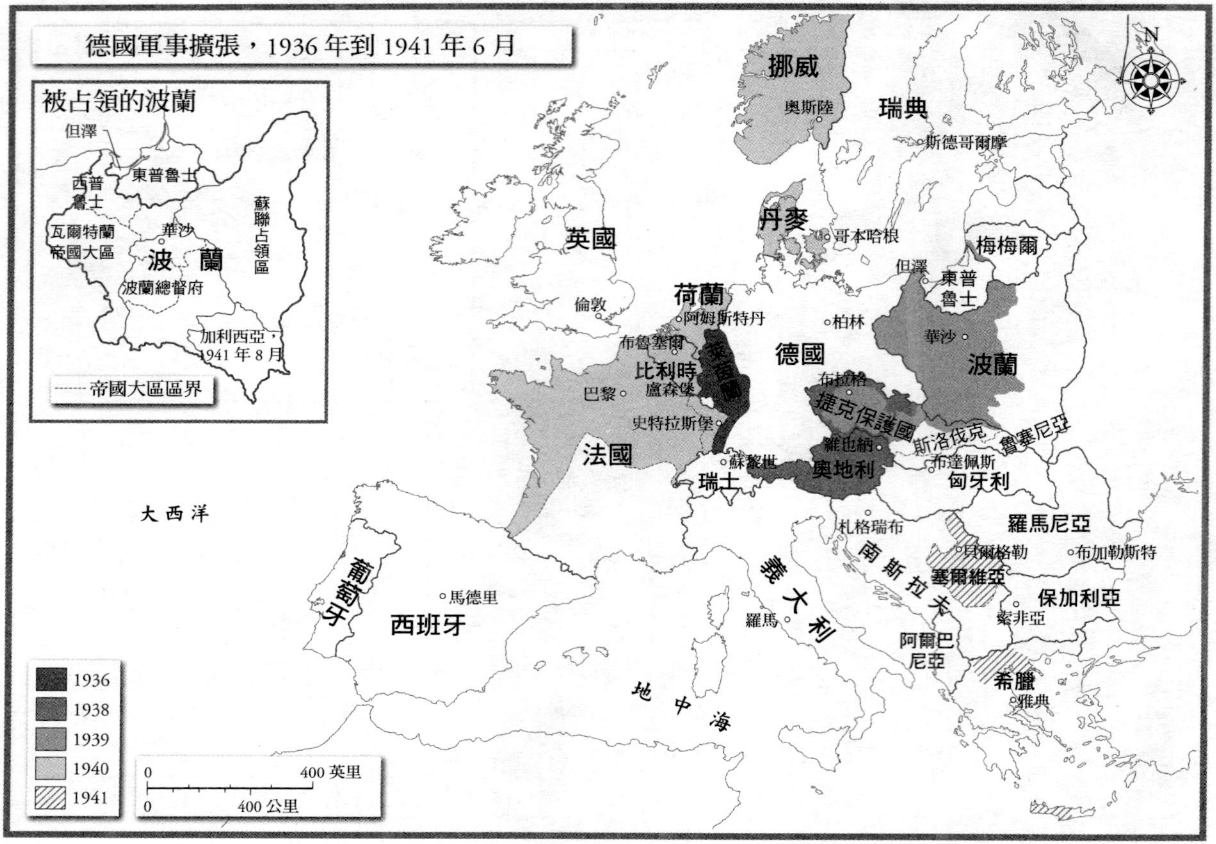
德國軍事擴張，1936 年到 1941 年 6 月
被占領的波蘭
但澤
東普魯士
西普魯士
瓦爾特蘭帝國大區
華沙
波蘭
蘇聯占領區
波蘭總督府
加利西亞，1941 年 8 月
帝國大區區界
挪威
奧斯陸
瑞典
斯德哥爾摩
丹麥
哥本哈根
英國
倫敦
荷蘭
阿姆斯特丹
布魯塞爾
比利時
盧森堡
萊茵蘭
巴黎
史特拉斯堡
法國
柏林
德國
布拉格
捷克保護國
維也納
奧地利
蘇黎世
瑞士
梅梅爾
但澤
東普魯士
華沙
波蘭
斯洛伐克
魯塞尼亞
布達佩斯
匈牙利
羅馬尼亞
布加勒斯特
貝爾格勒
塞爾維亞
札格瑞布
南斯拉夫
保加利亞
索非亞
阿爾巴尼亞
希臘
雅典
義大利
羅馬
地中海
大西洋
葡萄牙
西班牙
馬德里
1936
1938
1939
1940
1941
0
400 英里
0
400 公里

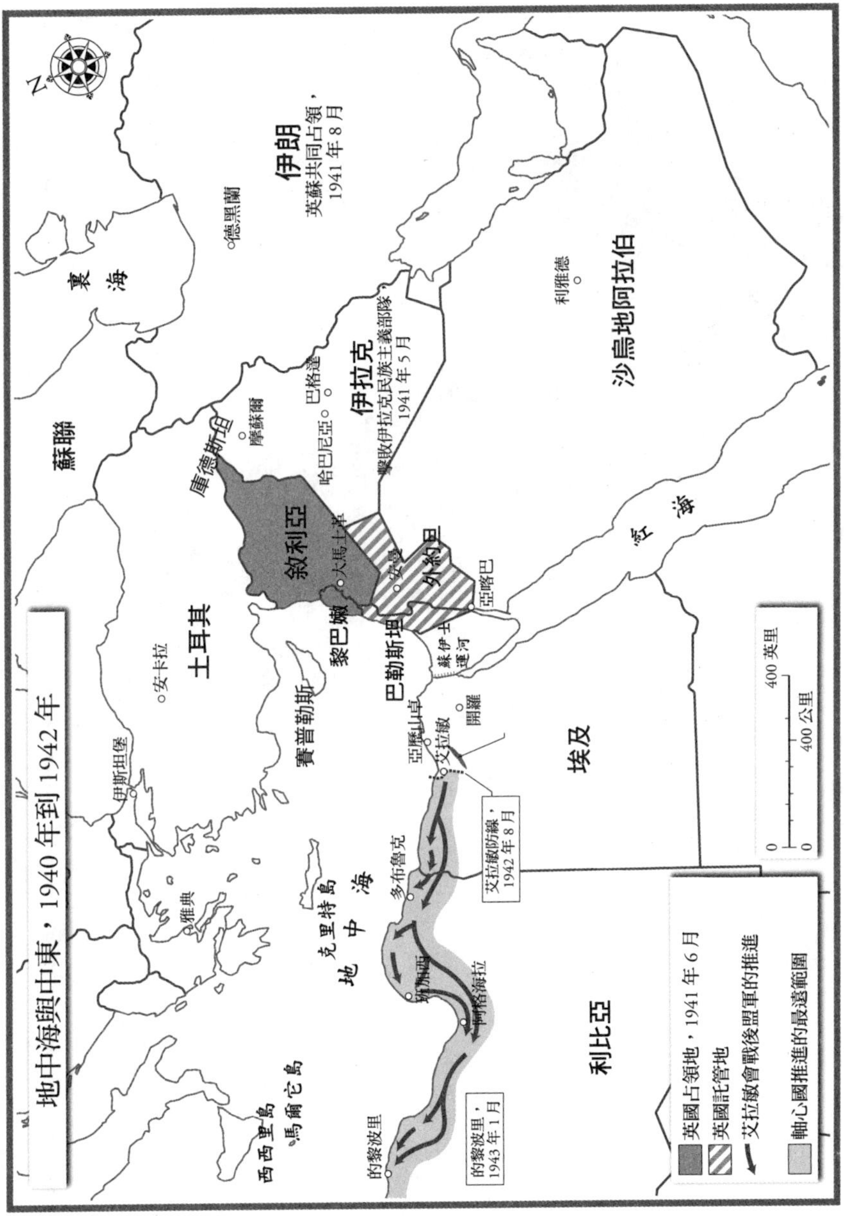
地中海與中東，1940 年到 1942 年
蘇聯
裏海
德黑蘭
伊朗
英蘇共同占領，
1941 年 8 月
土耳其
安卡拉
伊斯坦堡
雅典
克里特島
地中海
賽普勒斯
庫德斯坦
摩蘇爾
哈巴尼亞
巴格達
伊拉克
擊敗伊拉克民族主義部隊，
1941 年 5 月
敘利亞
大馬士革
黎巴嫩
巴勒斯坦
外約旦
安曼
亞喀巴
利雅德
沙烏地阿拉伯
紅海
蘇伊士運河
亞歷山卓
艾拉敏
開羅
埃及
艾拉敏防線，
1942 年 8 月
多布魯克
班加西
阿格海拉
利比亞
的黎波里
的黎波里，
1943 年 1 月
西西里島
馬爾它島
英國占領地，1941 年 6 月
英國託管地
艾拉敏會戰後盟軍的推進
軸心國推進的最遠範圍
0
400 英里
0
400 公里

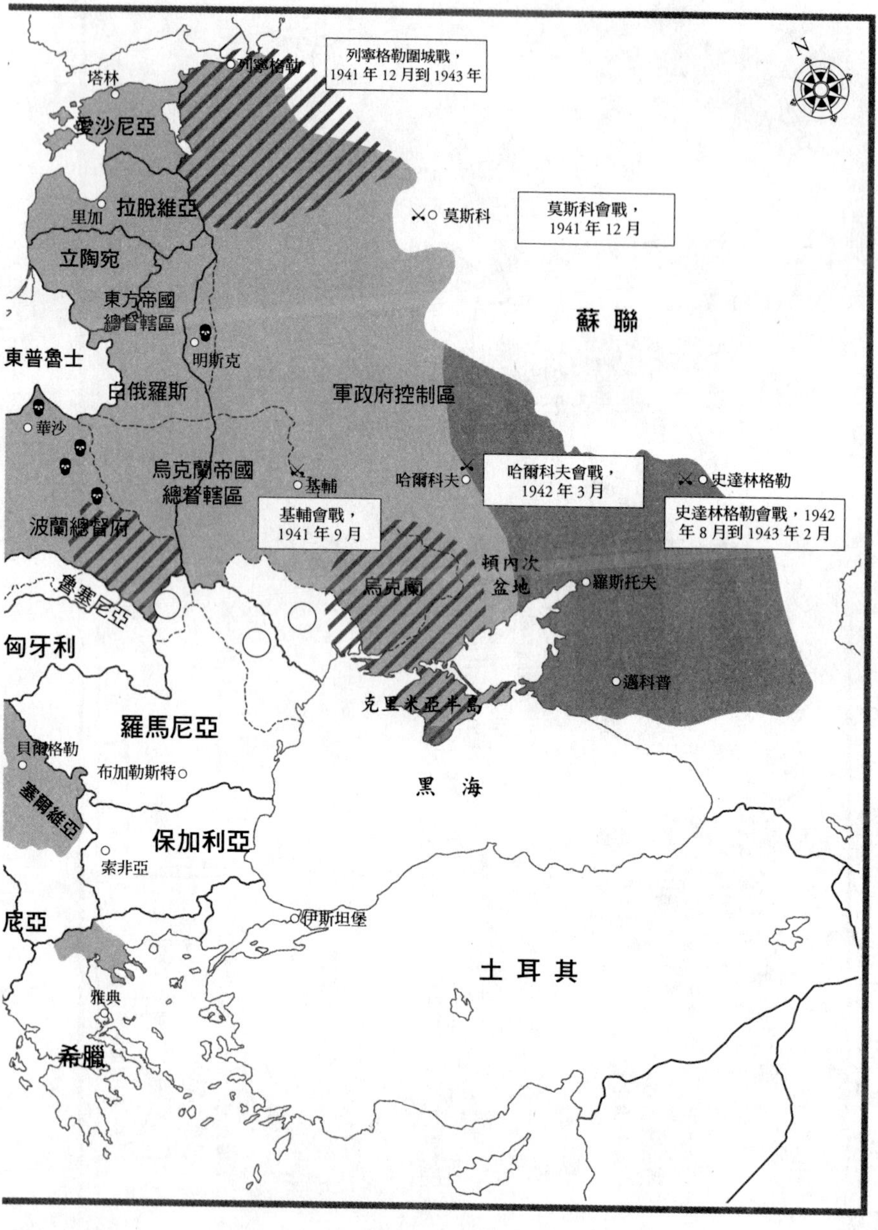

列寧格勒圍城戰，
1941 年 12 月到 1943 年
列寧格勒
塔林
愛沙尼亞
里加
拉脫維亞
立陶宛
東方帝國
總督轄區
明斯克
東普魯士
白俄羅斯
華沙
莫斯科
莫斯科會戰，
1941 年 12 月
蘇聯
軍政府控制區
烏克蘭帝國
總督轄區
基輔
基輔會戰，
1941 年 9 月
哈爾科夫
哈爾科夫會戰，
1942 年 3 月
史達林格勒
史達林格勒會戰，1942
年 8 月到 1943 年 2 月
波蘭總督府
烏克蘭
頓內次
盆地
羅斯托夫
魯塞尼亞
匈牙利
邁科普
克里米亞半島
羅馬尼亞
貝爾格勒
布加勒斯特
塞爾維亞
黑海
保加利亞
索非亞
伊斯坦堡
庇亞
雅典
土耳其
希臘

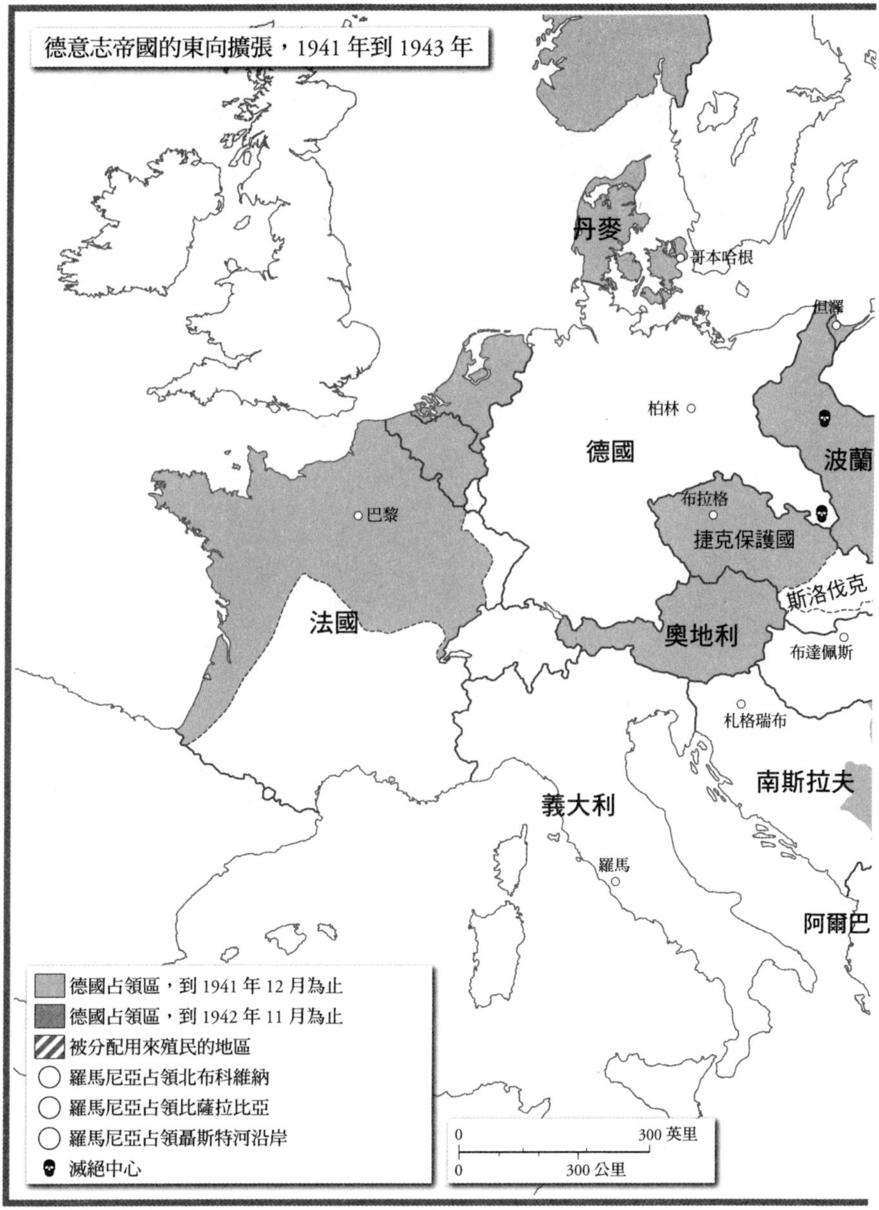
德意志帝國的東向擴張，1941 年到 1943 年
丹麥
哥本哈根
但澤
柏林
德國
波蘭
布拉格
捷克保護國
斯洛伐克
巴黎
法國
奧地利
布達佩斯
札格瑞布
南斯拉夫
義大利
羅馬
阿爾巴
德國占領區，到 1941 年 12 月為止
德國占領區，到 1942 年 11 月為止
被分配用來殖民的地區
羅馬尼亞占領北布科維納
羅馬尼亞占領比薩拉比亞
羅馬尼亞占領聶斯特河沿岸
滅絕中心
0
300 英里
0
300 公里

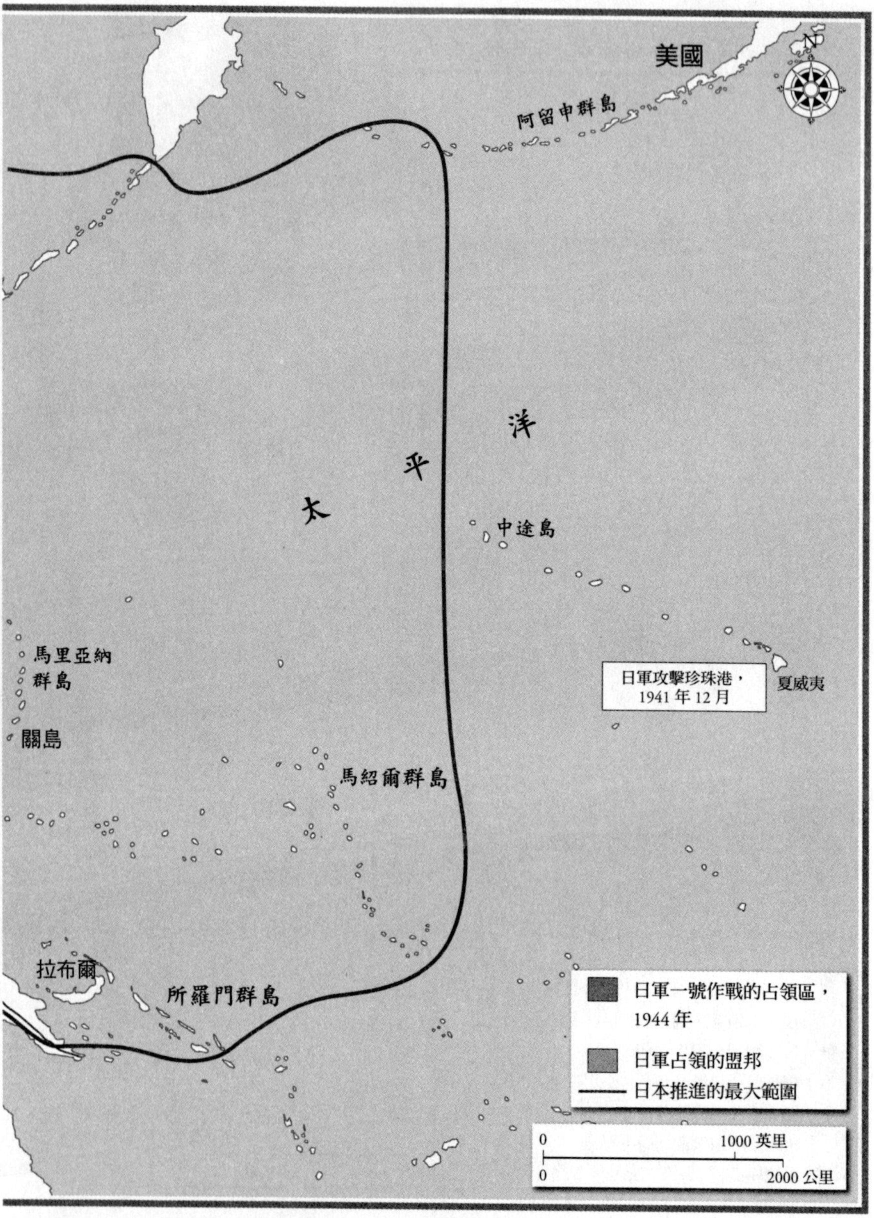
美國
阿留申群島
太平洋
中途島
馬里亞納群島
關島
日軍攻擊珍珠港，1941年12月
夏威夷
馬紹爾群島
拉布爾
所羅門群島
日軍一號作戰的占領區，1944年
日軍占領的盟邦
日本推進的最大範圍
0
1000英里
0
2000公里

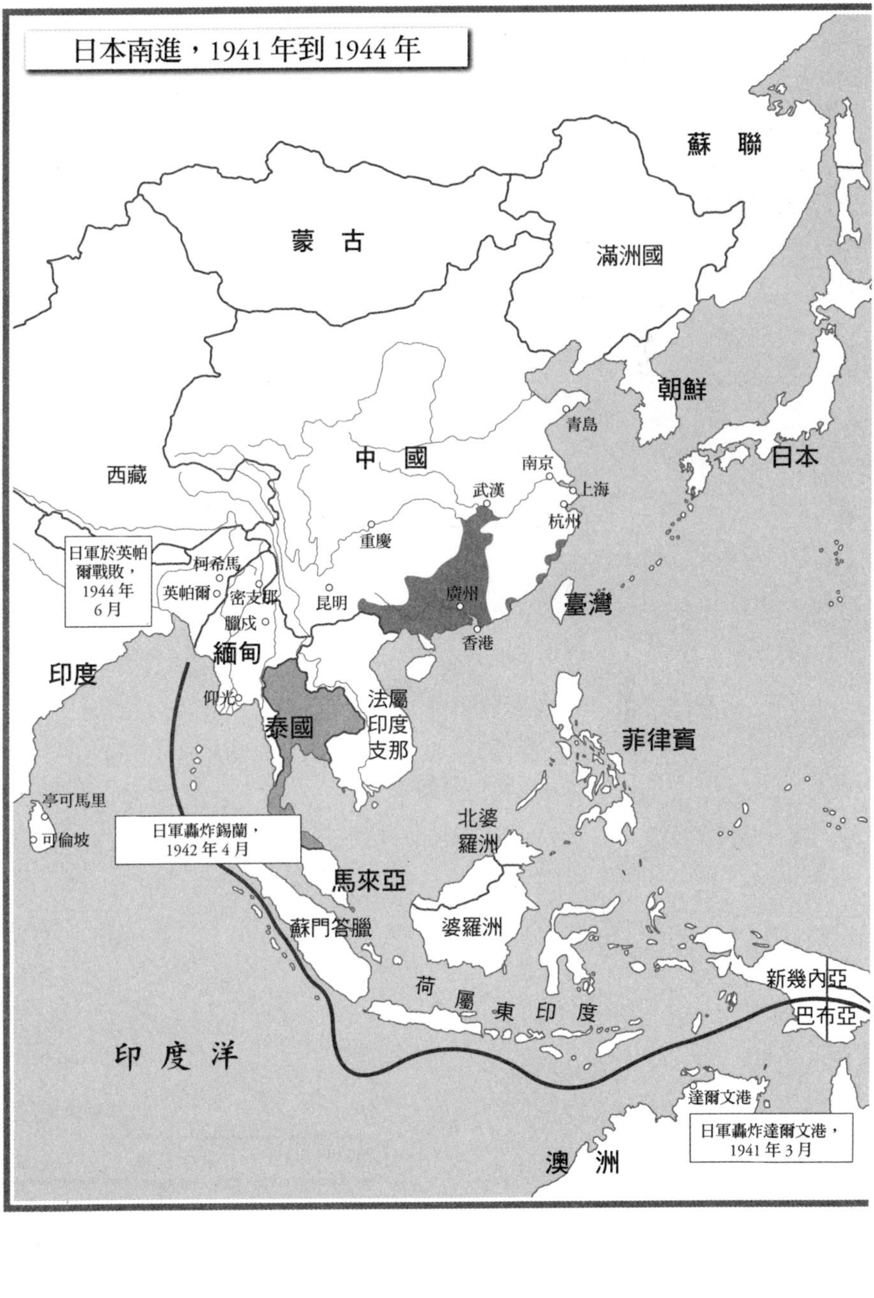

日本南進，1941 年到 1944 年
蘇 聯
蒙 古
滿洲國
朝鮮
日本
青島
中 國
南京
上海
武漢
杭州
西藏
重慶
廣州
臺灣
香港
昆明
日軍於英帕爾戰敗，1944 年 6 月
柯希馬
英帕爾
密支那
臘戍
緬甸
印度
仰光
泰國
法屬印度支那
菲律賓
亭可馬里
可倫坡
日軍轟炸錫蘭，1942 年 4 月
北婆羅洲
馬來亞
蘇門答臘
婆羅洲
荷 屬 東 印 度
新幾內亞
巴布亞
印 度 洋
達爾文港
日軍轟炸達爾文港，1941 年 3 月
澳 洲

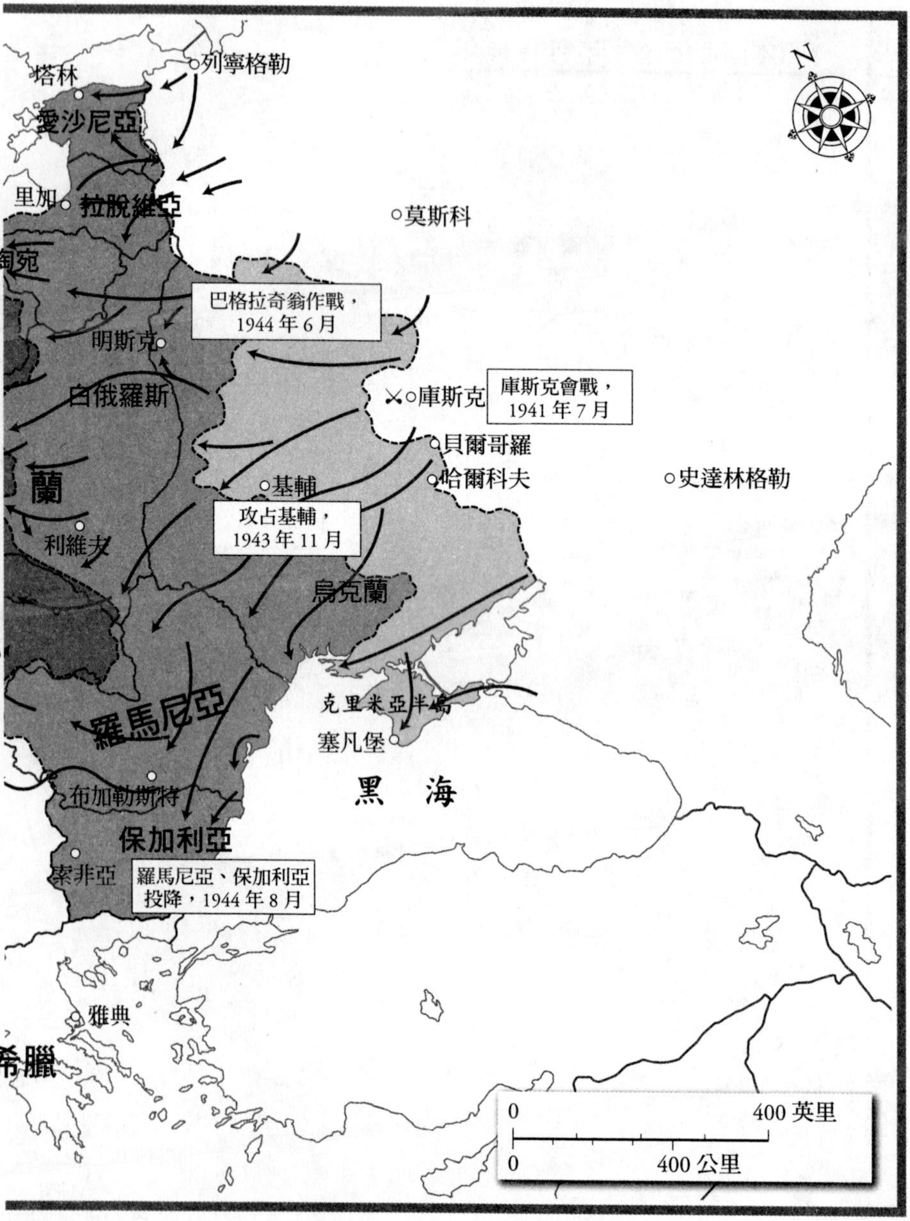
列寧格勒
塔林
愛沙尼亞
里加
拉脫維亞
立陶宛
莫斯科
巴格拉奇翁作戰，
1944 年 6 月
明斯克
白俄羅斯
庫斯克
庫斯克會戰，
1941 年 7 月
貝爾哥羅
哈爾科夫
史達林格勒
蘭
基輔
攻占基輔，
1943 年 11 月
利維夫
烏克蘭
利
克里米亞半島
塞凡堡
羅馬尼亞
黑　海
布加勒斯特
保加利亞
索非亞
羅馬尼亞、保加利亞
投降，1944 年 8 月
雅典
希臘
0
400 英里
0
400 公里
N

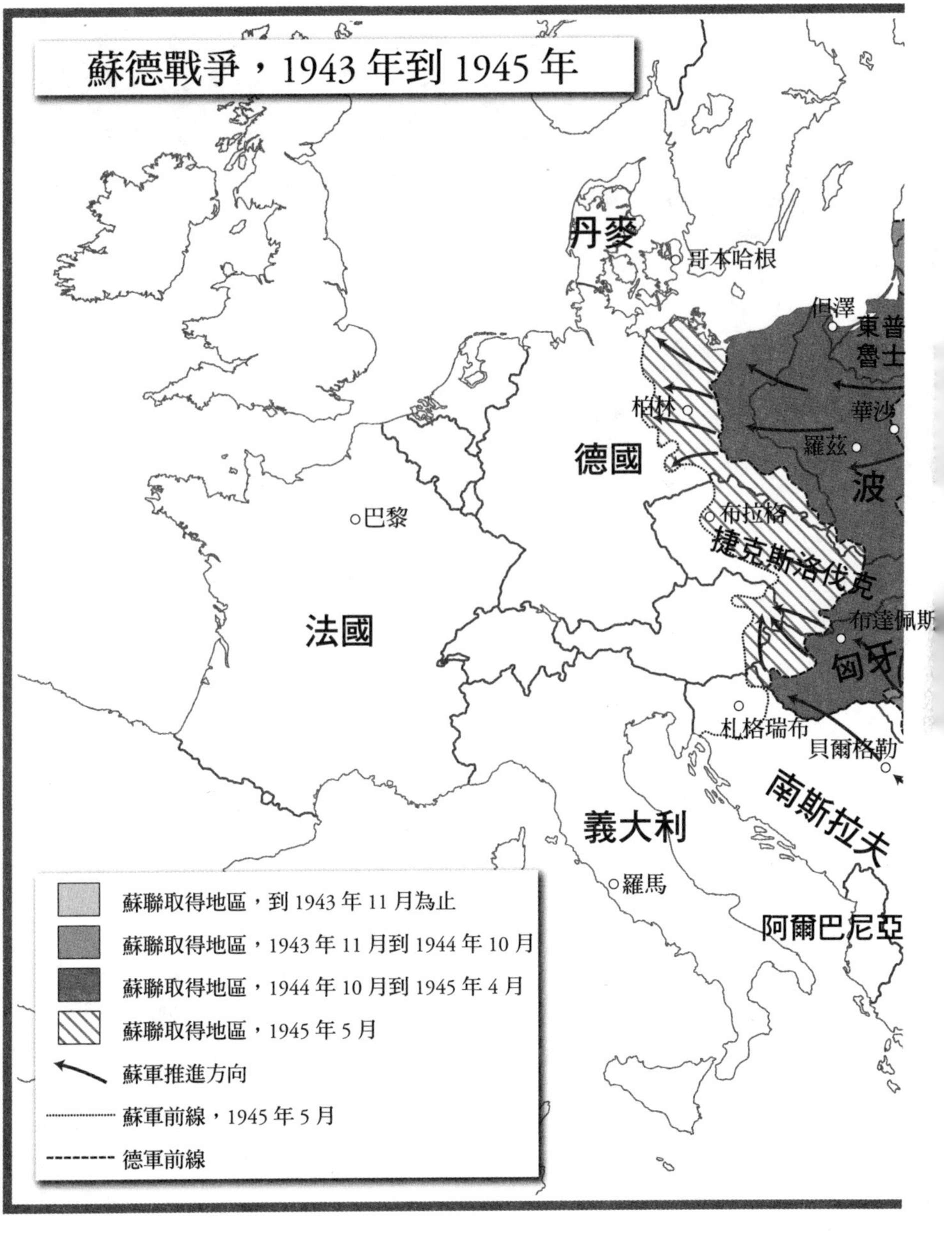

蘇德戰爭，1943 年到 1945 年
丹麥
哥本哈根
但澤
東普魯士
柏林
華沙
羅茲
德國
波
布拉格
捷克斯洛伐克
巴黎
法國
布達佩斯
匈牙
札格瑞布
貝爾格勒
南斯拉夫
義大利
羅馬
阿爾巴尼亞
蘇聯取得地區，到 1943 年 11 月為止
蘇聯取得地區，1943 年 11 月到 1944 年 10 月
蘇聯取得地區，1944 年 10 月到 1945 年 4 月
蘇聯取得地區，1945 年 5 月
蘇軍推進方向
蘇軍前線，1945 年 5 月
德軍前線

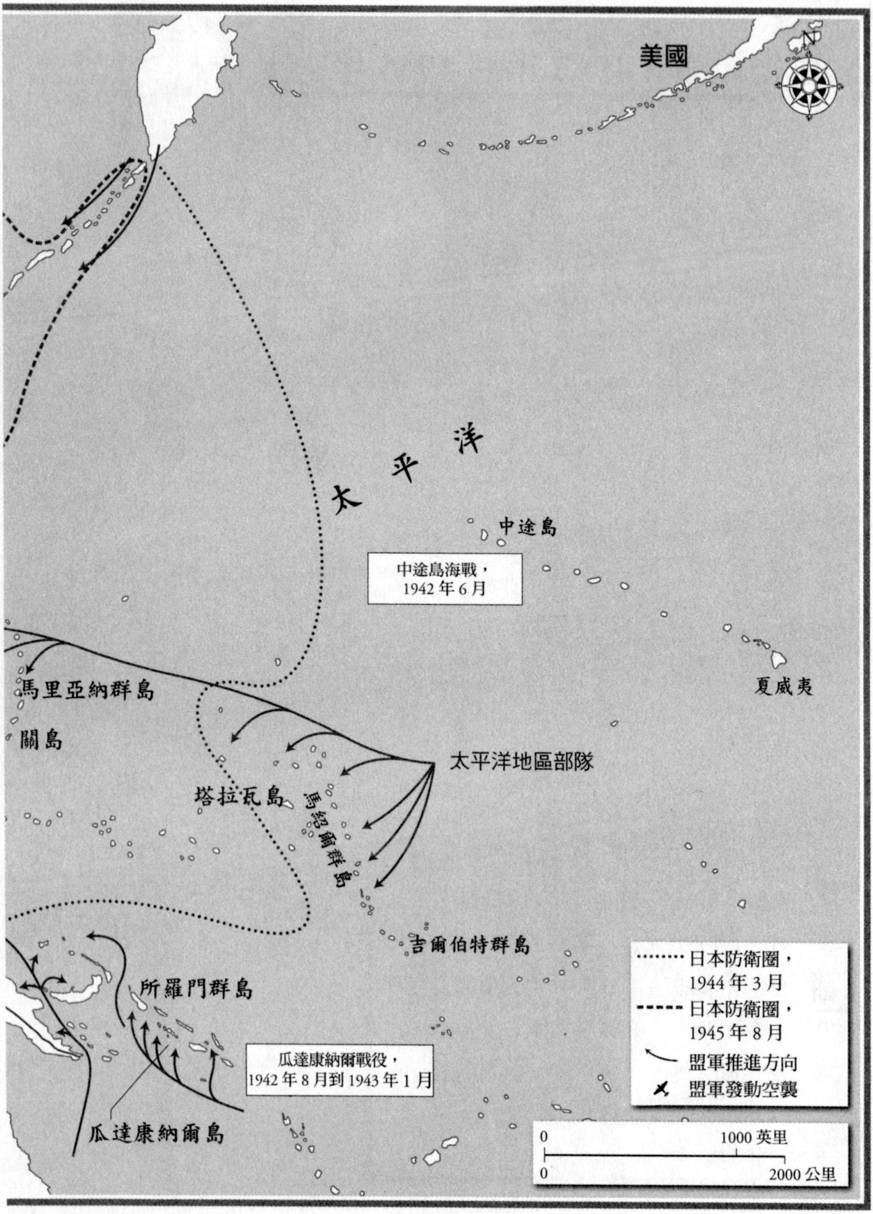
美國
太平洋
中途島
中途島海戰，
1942 年 6 月
夏威夷
馬里亞納群島
關島
太平洋地區部隊
塔拉瓦島
馬紹爾群島
吉爾伯特群島
所羅門群島
瓜達康納爾戰役，
1942 年 8 月到 1943 年 1 月
瓜達康納爾島
日本防衛圈，
1944 年 3 月
日本防衛圈，
1945 年 8 月
盟軍推進方向
盟軍發動空襲
0
1000 英里
0
2000 公里

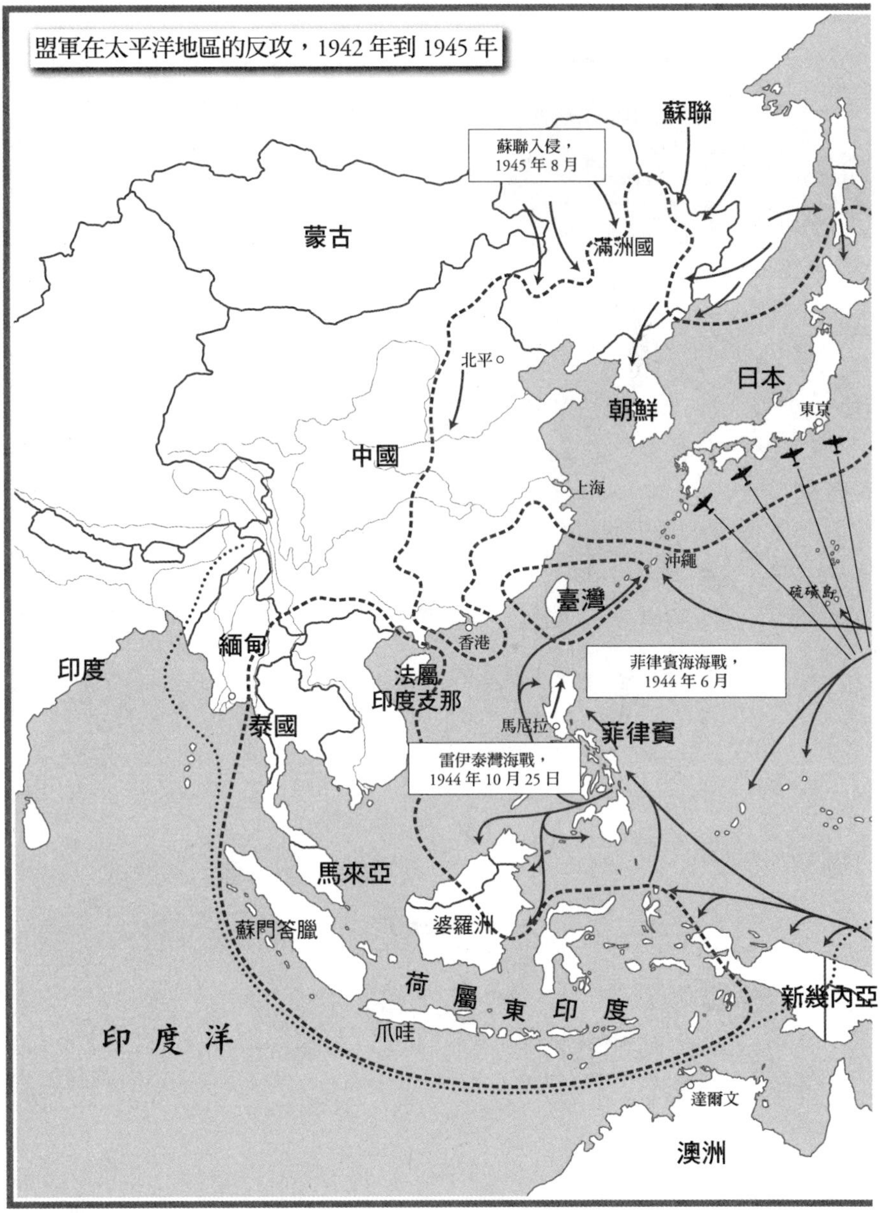
盟軍在太平洋地區的反攻，1942 年到 1945 年
蘇聯
蘇聯入侵，
1945 年 8 月
蒙古
滿洲國
北平
日本
朝鮮
東京
中國
上海
沖繩
硫磺島
臺灣
香港
菲律賓海海戰，
1944 年 6 月
緬甸
印度
法屬
印度支那
馬尼拉
泰國
菲律賓
雷伊泰灣海戰，
1944 年 10 月 25 日
馬來亞
婆羅洲
蘇門答臘
荷　屬　東　印　度
新幾內亞
爪哇
印　度　洋
達爾文
澳洲

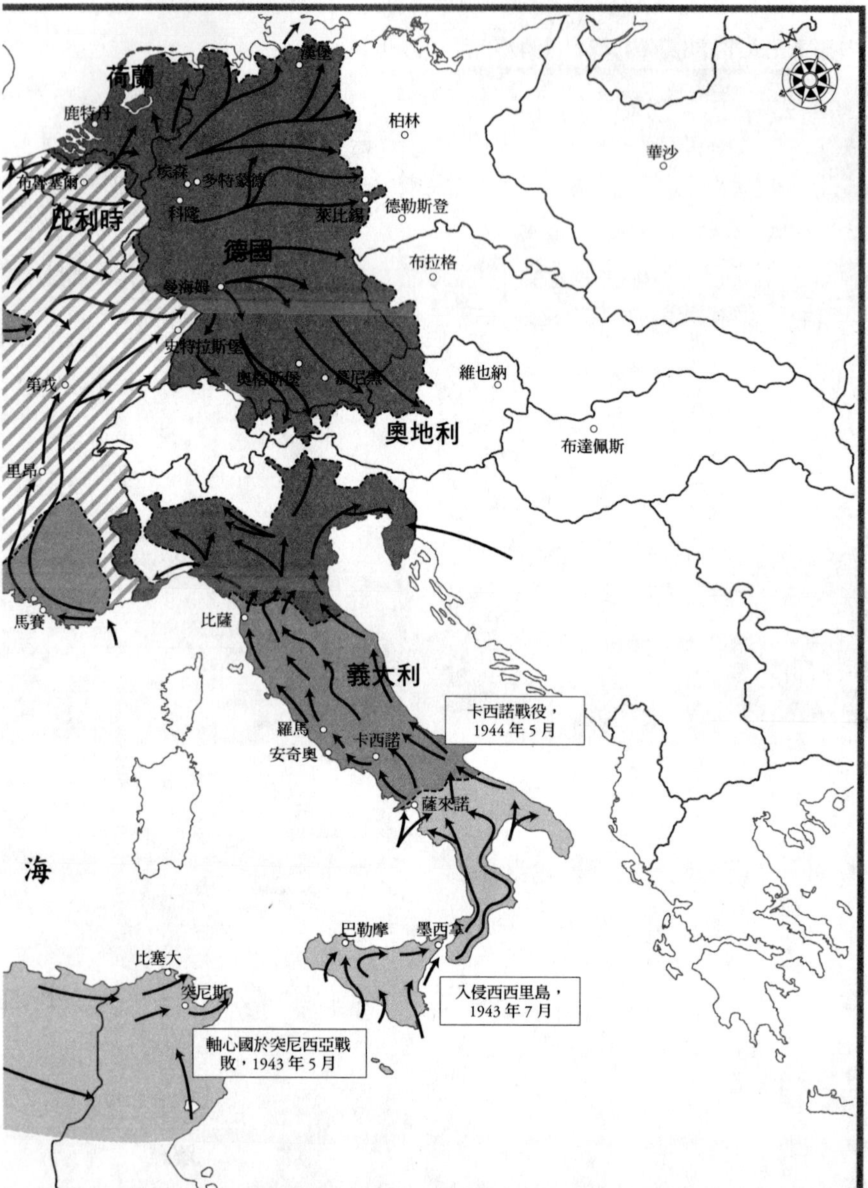
荷蘭
漢堡
鹿特丹
柏林
華沙
布魯塞爾
埃森
多特蒙德
科隆
萊比錫
德勒斯登
比利時
德國
布拉格
曼海姆
史特拉斯堡
奧格斯堡
慕尼黑
維也納
第戎
奧地利
布達佩斯
里昂
馬賽
比薩
義大利
卡西諾戰役，
1944 年 5 月
羅馬
卡西諾
安奇奧
薩來諾
海
巴勒摩
墨西拿
比塞大
突尼斯
入侵西西里島，
1943 年 7 月
軸心國於突尼西亞戰敗，1943 年 5 月

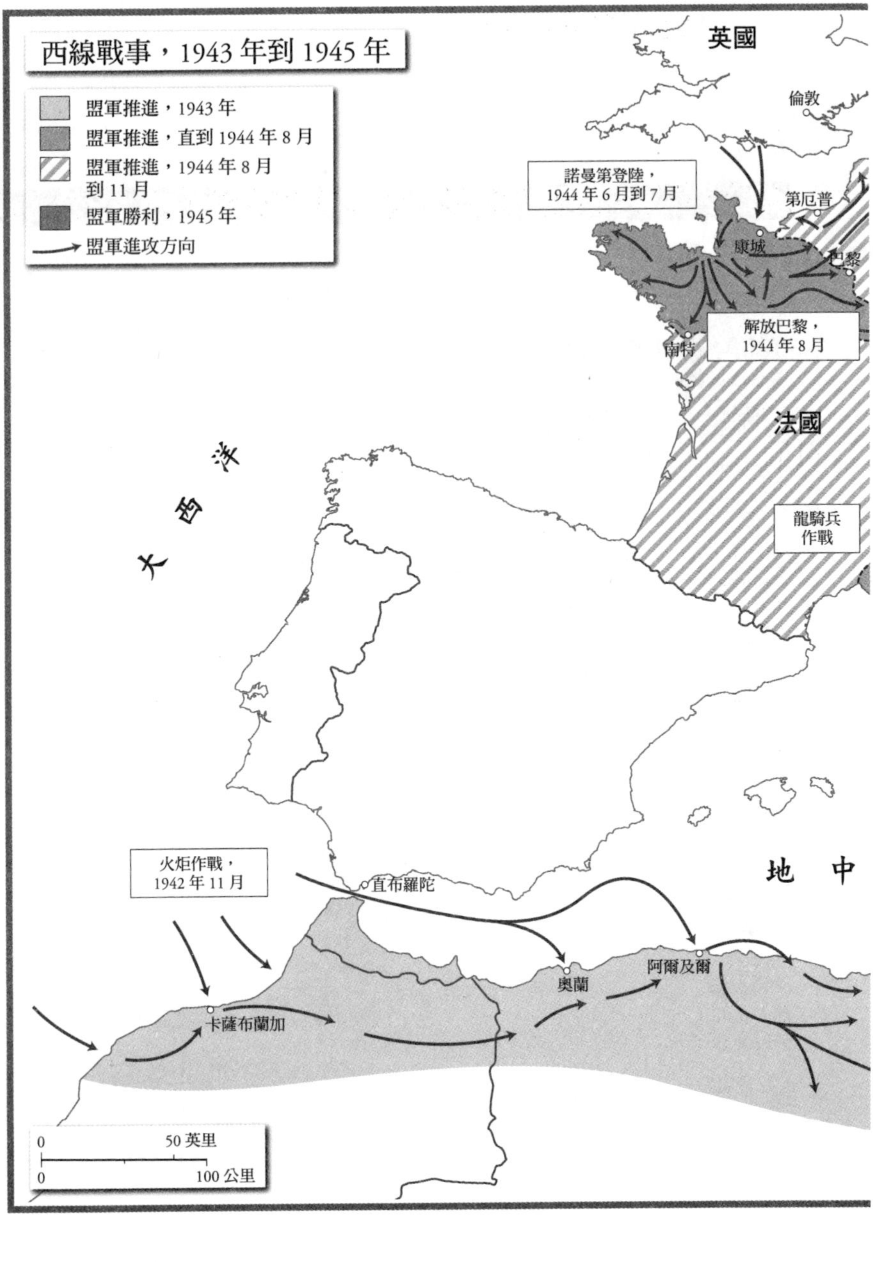
西線戰事，1943 年到 1945 年
盟軍推進，1943 年
盟軍推進，直到 1944 年 8 月
盟軍推進，1944 年 8 月
到 11 月
盟軍勝利，1945 年
盟軍進攻方向
英國
倫敦
諾曼第登陸，
1944 年 6 月到 7 月
第厄普
康城
巴黎
解放巴黎，
1944 年 8 月
南特
法國
龍騎兵
作戰
大西洋
地中
火炬作戰，
1942 年 11 月
直布羅陀
奧蘭
阿爾及爾
卡薩布蘭加
0
50 英里
0
100 公里

中英譯名對照表 *

中文	英文
地名	
Barbados	巴貝多
Papua New Guinea	巴布亞紐幾內亞
Batavia	巴達維亞
Bataan peninsula	巴丹半島
Batum	巴統
Lake Balaton	巴拉頓湖
Palermo	巴勒摩
Palestine	巴勒斯坦
Baku	巴庫
Basia Cukier	巴西亞
Bastogne	巴斯通
Basra	巴斯拉
Baltimore	巴爾的摩
Bardia	巴爾迪亞
Bayeux	巴約
Birmingham	伯明罕
Bern	伯恩
Bolzano	伯爾查諾
Bobruisk	波布魯斯克
Pomerania	波美拉尼亞
Boulder	波德
Puerto Rico	波多黎各
Poltava	波塔瓦
Ponyri	波里尼
Baltic	波羅的海
Bologna	波隆那
Villers-Bocage	波卡基村
Po Valley	波河流域
Bochum	波琴
Bohemia	波希米亞
Potsdam	波茨坦
Persia	波斯
Boer	波耳
Bordeaux	波爾多
Belorussia	白俄羅斯
Palau	帛琉
Botoşani	博托沙尼
Northern Bukovina	北布科維納
Northern Rhodesia	北羅德西亞
Beda Fomm	貝達佛姆
Betio Island	貝蒂奧島
Peleliu	貝里琉島
Bergamo	貝加莫
Bethnal Green	貝斯納爾格林
Belfast	貝爾法斯特
Belgorod	貝爾哥羅
Belgrade	貝爾格勒
Berka	貝爾卡
Belzec	貝烏熱茨
Sword	寶劍
Panther Line	豹防線
Borisov	鮑里索夫
Benghazi	班加西
Punjab	旁遮普邦
Biak	比克島
Bay of Biscay	比斯開灣
Pisa	比薩
Bessarabia	比薩拉比亞
Bizerte	比塞大
Bir Hacheim	比爾哈凱姆要塞
Bialystok	比亞維斯托克
Petropavlosk	彼得羅巴甫洛夫斯克
Vosges mountains	佛日山脈
Fossoli	佛索里

*　編注：此表格按中文注音符號之順序排列。

中文	英文
Bremen	不來梅
Buchenwald	布亨瓦德
Budapest	布達佩斯
Breda	布拉達
Fort Bragg	布拉格堡
Brendan Bracken	布拉肯
Brest, France	布勒斯特（法國）
Breslau	布勒斯勞
Bletchley Park	布萊切利園
Brescia	布雷西亞
Brive	布里夫
Brisbane	布里斯班
Bristol	布里斯托
Briansk	布里安斯克
Brittany	布列塔尼
Brest, Belarus	布列斯特（白俄羅斯）
Brussels	布魯塞爾
Brody	布洛帝
Boulogne	布洛涅
Bois de Boulogne	布洛涅森林
Brockwitz	布洛克維茨
Brenner Pass	布倫納隘口
Brüx	布呂克斯
Bougainville	布干維爾島
Bucharest	布加勒斯特
Bzura River	布楚拉河
Bourguébus Ridge	布爾蓋比山脊
Pachino	帕基諾
Peregruznoe	佩列格魯茲內
Pantelleria	潘特雷里亞島
Burundi	蒲隆地
Portsmouth	樸茨茅斯
Placentia Bay	普勒森夏灣
Pripet Marshes	普里皮特沼澤
Plymouth	普利茅斯
Prokhorovka	普羅科羅夫卡
Provence	普羅旺斯
Ploesti	普洛什蒂特
Psel River	普賽爾河
Moravia	摩拉維亞

中文	英文
Moluccas islands	摩鹿加群島
Morocco	摩洛哥
Port Moresby	摩斯比港
Moselle River	摩塞爾河
Mosul	摩蘇爾
Moldova	摩爾多瓦
Marburg	馬堡
Madagascar	馬達加斯加
Cape Matapan	馬塔潘角
Mersa Matruh	馬特魯港
Mareth Line	馬內斯防線
Maleme	馬里梅
Mariana Islands	馬里亞納群島
Maloelap	馬洛埃拉普島
Macedonia	馬其頓
Maginot Line	馬奇諾防線
Magadan	馬加丹
Makin	馬金島
Marshall Islands	馬紹爾群島
Marseilles	馬賽
Malmédy	馬耳美地
Malta	馬爾它
Majdanek	馬伊達內克
Mauritius	模里西斯
Murmansk	莫曼斯克
Modlin	莫德林要塞
Molotov Line	莫洛托夫防線
Mogilev	莫吉廖夫
Mozhaisk Line	莫扎伊斯克防線
Mozambique	莫三比克
Mortain	莫爾坦
Messina	墨西拿
Maikop	邁科普
Memel	梅梅爾
Medmenham	梅德梅納姆
Merano	梅拉諾
Melitopol	梅利托普
Meuse River	繆斯河
Mandalay	曼德勒
Mannheim	曼海姆

中文	英文
Mantes-Gassicourt	芒特－加西庫爾
Menton	芒通
Munda	蒙達島
Monthermé	蒙提梅
Montenegro	蒙特內哥羅
Montoire	蒙圖瓦爾
Montcornet	蒙科爾內
Bombay	孟買
Milan	米蘭
Mius	米烏斯河
Zhytomyr	日托米爾
Midlands	密德蘭
Micronesia	密克羅尼西亞
Michigan	密西根州
Mississippi	密西西比州
Myitkyina	密支那
Mindanao	民答那峨島
Bintan	民丹島
Münstereifel	明斯特艾費爾
Mühlberg	穆爾貝爾格
Fabius	法比烏斯
Falaise	法萊斯
Flanders	法蘭德斯
Franconia	法蘭克尼亞
Fallujah	法魯加
Fiji	斐濟
Vatican	梵蒂岡
Finschhafen	芬什港
Flagstaff	弗拉格斯塔夫
Freemantle	弗里曼圖
Forlí	弗利
Friuli	弗留利
Flensburg	弗倫斯堡
Würzburg	符茲堡
Foggia	福賈
Funafuti	富納富提島
Taranto	達蘭多
Dakar	達卡
Dachau	達豪
Dalmatia	達爾馬提亞

中文	英文
Daventry	達文特里
Tahiti	大溪地
Gran Massif	大薩索山
Dresden	德勒斯登
Drancy	德朗西
Delhi	德里
Dvina	德維納河
Devon	德文郡
Tirana	地拉那
Detroit	底特律
Tripoli	的黎波里
Tripolitania	的黎波里塔尼亞
Trieste	的里雅斯特
Dyle	戴爾河
Danzig	但澤
Dinant	第南特
Dijon	第戎
Dieppe	第厄普
Tirol-Vorarlberg	蒂羅爾－福拉爾貝格
Thiers	蒂耶爾
Trengannu	丁加奴
Donbas	頓巴斯
Donetsk	頓內次克
Don	頓河
Dubno	杜布諾
Turin	杜林
Düsseldorf	杜塞道夫
Duisburg	杜伊斯堡
Strait of Dover	多佛海峽
Tobruk	多布魯克
Domnista	多姆尼斯塔
Dodecanese islands	多德卡內斯群島
Dortmund	多特蒙德
Dolomite Mountains	多羅米提山
Dolo	多洛
Togo	多哥
Dunkirk	敦克爾克
Tonkin	東京
Tarawa	塔拉瓦島
Tallin	塔林

中文	英文
Taganrog	塔干洛格
Tuskegee	塔斯基吉
Treblinka	特雷布林卡
Treasury Islands	特雷熱里群島
Truk	特魯克環礁
Trondheim	特隆赫姆
Tiber	台伯河
Monte Sole	太陽山
Tauber River	陶伯河
Tanganyika	坦加尼喀
Tembien	騰比恩
Tinian	天寧島
Trincomalee	亭可馬里
Tunisia	突尼西亞
Tulagi	圖拉吉
Thuringia	圖林根
Tula	土拉
Toulouse	土魯斯
Toulon	土倫
Tuvalu	吐瓦魯
Cape Torokina	托羅基納角
Trotskyist	托洛斯基派
Tuscany	托斯卡尼
Torgau	托爾高
Narvik	那維克
Nantes	南特
Yugoslavia	南斯拉夫
Southampton	南安普敦
Naples	拿坡里
Nanumea	納努梅阿島
Narew	納雷夫河
Narva	納爾瓦
Nijmegen	奈美根
Neisse	奈塞河
Nikopol	尼科普
Nicosia	尼科夏
Nice	尼斯
Nierstein	尼爾施泰因
Dnepropetrovsk	聶伯羅彼得羅夫斯克
Dnieper	聶伯河
Dniester River	聶斯特河
Transnistria	聶斯特河沿岸
Newfoundland	紐芬蘭
Nuremberg	紐倫堡
Newark	紐華克
Babi Yar	娘子谷
Normandy	諾曼第
Nomonhan	諾門罕
Rabaul	拉布爾
Lapland	拉普蘭
Radom	拉當
Lake Ladoga	拉多加湖
Latvia	拉脫維亞
La Guardia	拉瓜地亞
Lazio	拉吉歐
Radziłów	拉齊洛夫
La Spezia	拉斯佩齊亞
Rastenburg	拉斯敦堡
Ravenna	拉溫納
Lashio	臘戌
Rzhev	勒熱夫
Lae	萊城
Rheinland	萊茵蘭
Remagen	雷馬根
Leyte	雷伊泰島
Lampedusa	蘭佩杜薩島
Landsberg	蘭茲堡
Reims	蘭斯
Lebanon	黎巴嫩
Levant	黎凡特
Rimini	里米尼
Liri Valley	里里河谷
Richmond	里奇蒙
Riga	里加
Lyon	里昂
Lille	里耳
Liakhovychi	里亞霍維奇
Caspian Sea	裏海
Libya	利比亞
Limoges	利摩日

中文	英文
Lidice	利迪策
Liguria	利古里亞
Le Havre	利哈佛
Riyadh	利雅德
Lvov	利沃夫
Liverpool	利物浦
Lviv	利維夫
Leningrad	列寧格勒
Lichtenstein	列支敦斯登
Iwo Jima	硫磺島
Liutezh	柳季日
Lublin	盧布林
Ljubljana	盧布爾雅那
Lutsk	盧次克
Rwanda	盧安達
Rouen	盧昂
Ruthenia	魯塞尼亞
Ruhr	魯爾
Roer	魯爾河
Rotterdam	鹿特丹
Rovno	羅夫諾
Rhodes	羅得島
Rhodesias	羅德西亞
Łódź	羅茲
Rostov	羅斯托夫
Loire	羅亞爾河
Lorient	洛里昂
Lorenz	洛倫茨
Lothian	洛錫安
Rumbula	倫布拉
Rendsburg	倫茨堡
Rhône Valley	隆河流域
Lübeck	呂北克
Gottengau	戈騰高
Kota Bahru	哥打巴魯
Königsberg	哥尼斯堡
Oradour-sur-Glane	格拉訥河畔奧拉杜爾
Grajewo	格拉耶沃
Grenoble	格勒諾布爾
Gleiwitz	格萊維茨

中文	英文
Glubokoye	格盧博科耶
Grozny	格羅茲尼
Cape Gloucester	格洛斯特角
Qatarra Depression	蓋塔拉窪地
Guiana	蓋亞那
Caucasus	高加索
Caen	岡城
Kuibyshev	古比雪夫
Curaçao	古拉索
Guadalcanal	瓜達康納爾島
Kwajalein	瓜加林島
Gumbinnen	弓賓倫
Compiègne	貢比涅
Harrar	哈拉爾省
Kharkov	哈爾科夫
Cameroon	喀麥隆
Karachi	喀拉蚩
Carpathian Mountains	喀爾巴阡山脈
Capri	卡布里島
Kamianets-Podilsky	卡緬涅茨－波多利斯基
Kalmyk	卡穆克
Cardiff	卡地夫
Catania	卡塔尼亞
Katyn	卡廷
Karelian Isthmus	卡內里亞地峽
Calabria	卡拉布里亞
Kalach	卡拉赤
Kalisch	卡利什
Kaluga	卡盧加
Cassibile	卡西比雷
Cassino massif	卡西諾山
Kazik	卡茲克
Castres	卡斯特爾
Kassa	卡薩
Casablanca	卡薩布蘭加
Caserta	卡塞塔
Kassel	卡塞爾
Karlshorst	卡爾斯霍斯特
Cotentin Peninsula	柯騰丁半島

中文	英文
Kohima	柯希馬
Koblenz	科布林茲
Corregidor	科雷機多島
Koro Island	科羅島
Cologne	科隆
Kolombangara	科隆班加拉島
Corsica	科西嘉島
Kosovo	科索沃
Kolno	科爾諾
Koritsa	科爾察
Colombo	可倫坡
Cracow	克拉科夫
Clydebank	克萊德班克
Clyde	克萊德河
Kleistos	克萊斯托斯
Crete	克里特島
Krivoi Rog	克里維里赫
Klin	克林
Croatia	克羅埃西亞
Croydon	克羅伊登
Cape Town	開普敦
Mers el-Kébir	凱比爾港
Kefalonia	凱法羅尼亞島
Kasserine Pass	凱撒林隘口
Kaunas	考納斯
Coventry	考文垂
Cannes	坎城
Kent	肯特郡
Lake Constance	康斯坦茨湖
Cornwall	康瓦爾
Kuban	庫班
Kurdistan	庫德斯坦
Coutances	庫唐斯
Sakhalin	庫頁島
Küstrin	庫斯特寧
Kursk	庫斯克
Courland Peninsual	庫爾蘭半島
Quebec	魁北克
Cawnpore	孔坡
Hollandia	荷蘭第亞

中文	英文
Batu Caves	黑風洞
Black Sea	黑海
Herzegovina	赫塞哥維納
Hull	赫爾
Helsinki	赫爾辛基
Kherson	赫爾松
Haifa	海法
Hague	海牙
Chelmno	海烏姆諾
Hamburg	漢堡
Hannover	漢諾威
Hürtgen Forest	胡特根森林
Wakde Island	華克德島
Warsaw	華沙
Hochlinden	霍赫林登
Vyazma	懷茲馬
Gold Coast	黃金海岸
Cheadle	奇德爾
Chichester	奇切斯特
Gurs	居爾斯
Kiska	基斯卡島
Gulf of Guinea	幾內亞灣
Kedah	吉打
Gela	吉拉
Kelantan	吉蘭丹
Kiribati	吉里巴斯
Gilbert and Ellice Islands	吉爾伯特與埃利斯群島
Tikhvin	季赫溫
Diakivka	季亞基夫卡
Chir River	齊爾河
Gabon	加彭
Caribbean	加勒比
Calais	加萊
Galang Island	加朗島
Gallipoli	加里波里
Galicia	加利西亞
Caroline Islands	加羅林群島
Ain el Gazala	加查拉防線
Lake Garda	加爾達湖

中文	英文
Calcutta	加爾各答
Gargždai	加爾格日代
Ghana	迦納
Jedburgh	傑德堡
Desna	傑斯納河
Cam Ranh Bay	金蘭灣
Cheliabinsk	車里雅賓斯克
Palembang	巨港
Constantinople	君士坦丁堡
Chesapeake Bay	乞沙比克灣
Chetnik	切特尼克
Chrenovoe	切雷諾沃
Port Chester	切斯特港
Chelmsford	切爾姆斯福德
Kurile islands	千島群島
Trinidad	千里達
Celebes	西里伯斯
Silesia	西利西亞
Seelow Heights	西洛高地
Sigmaringen	西格馬林根
Sicily	西西里島
Western Samoa	西薩摩亞
Cyrenaica	昔蘭尼加
Seeadler Harbour	席亞德勒灣
Ceylon	錫蘭
Sidi Barrani	細第巴拉尼
New Britain	新不列顛島
New Hebrides	新赫布里底群島
New Guinea	新幾內亞
New Georgia	新喬治亞島
New Villages	新村
Nova Scotia	新斯科細亞省
New Ireland	新愛爾蘭島
Scheldt	須耳德河
Syria	敘利亞
Selangor	雪蘭莪
Gibraltar	直布羅陀
Chad	查德
Zaporizhzhia	札波羅熱
Zamość	札莫希奇

中文	英文
Zagreb	札格瑞布
Juno	朱諾
Mittelland Canal	中德運河
Midway Island	中途島
Transvaal	川斯瓦
Steigerwald	施戴格森林
Sierra Leone	獅子山
Shlisselburg	什利謝利堡
Schleswig	什列斯威
Stalino	史達林諾
Stalingrad	史達林格勒
Strasbourg	史特拉斯堡
Schweinfurt	士文福
Sedan	色當
Thrace	色雷斯
Yemen	葉門
Coral Sea	珊瑚海
Horní Moštěnice	上莫斯泰尼采
Obersalzberg	上薩爾斯堡
San Bernardino Strait	聖貝爾納地諾海峽
St Nazaire	聖納澤爾
St Louis	聖路易斯
Gulf of St Lawrence	聖羅倫斯灣
St Vith	聖維特
Genoa	熱那亞
Żegota	熱戈塔
Johore	柔佛
Gembloux	讓布魯
Zossen	左森
Zeesen	策森
Smolensk	斯摩稜斯克
Punta Stilo	斯蒂洛角
Stratford	斯特拉特福
Storojinet	斯托羅日內茨
Slapton Sands	斯萊普頓灘頭
Sri Lanka	斯里蘭卡
Slovenia	斯洛維尼亞
Scapa Flow	斯卡帕灣
Scandinavia	斯堪地那維亞

中文	英文
Swansea	斯旺西
Suffolk	薩福克
Sardinia	薩丁尼亞島
Bay of Salerno	薩來諾灣
Salonika	薩洛尼卡
Sachsenhausen	薩克森豪森
Saarland	薩爾區
Savo Island	薩沃島
Sava	薩瓦河
Saipan	塞班島
Sevastopol	塞凡堡
Senegal	塞內加爾
Seine River	塞納河
Serbia	塞爾維亞
Cherbourg	瑟堡
Cyprus	賽普勒斯
Sikeston	賽克斯頓
Centerville	森特維爾
Sunderland	桑德蘭
Sandomierz	桑多梅日
Santerno River	桑特諾河
Sumatra	蘇門答臘
Sudeten	蘇台德區
Sulawesi	蘇拉威西
Zurich	蘇黎世
Surinam	蘇利南
Surigao Strait	蘇利加海峽
Sobibór	索比堡
Somaliland	索馬利蘭
Somalia	索馬利亞
Somme	索穆河
Sofia	索菲亞
Sovetsky	索維茨基
Solomon Islands	所羅門群島
Abadan	阿巴丹油田
Abyssinia	阿比西尼亞
Oman	阿曼
Amritsar	阿姆利則
Avanzis	阿凡齊斯
Avranches	阿夫蘭士

中文	英文
Admiralty Islands	阿得米拉提群島
Ardennes	阿登
Addis Ababa	阿迪斯阿貝巴
Attu	阿圖島
Alamogordo	阿拉莫戈多
Amba Aradam	阿拉達姆山
Arakan	阿拉干
Arras	阿拉斯
Aleppo	阿勒坡
Alam el Halfa	阿蘭哈法
Alicante	阿利坎特
Aleutian Islands	阿留申群島
Agrigento	阿格里真托
El Agheila	阿格海拉
Arcadia	阿卡迪亞
Argentan	阿戎頓
Astrakhan	阿斯特拉罕
Albania	阿爾巴尼亞
Alpenfestung	阿爾卑斯要塞
Alban Hills	阿爾班山
Archangel	阿爾漢格爾斯克
Algiers	阿爾及爾
Avola	阿沃拉
Ohio River	俄亥俄河
Eritrea	厄利垂亞
Mount Elbrus	厄爾布魯士山
Mount Etna	埃特納山
Aisne	埃納河
Escaut River	埃斯科河
Essen	埃森
Fort of Eben-Emael	艾本艾美爾要塞
El Alamein	艾拉敏
Elsenborn Ridge	艾森波恩山脊
Aegean	愛琴海
Estonia	愛沙尼亞
Ionian islands	愛奧尼亞群島
Odessa	敖得薩
Oboyan	奧波揚
Oppeln	奧珀恩
Omaha	奧馬哈

中文	英文
Oder River	奧得河
Orel	奧勒爾
Oran	奧蘭
Augsburg	奧格斯堡
Olkhovatka	奧可伐特卡
AuschwitzBirkenau	奧許維茲－比克瑙
Ostrog	奧斯特洛赫
Oslo	奧斯陸
Orsha	奧爾沙
Ovaro	奧瓦羅
Oppenheim	歐本漢
Opana Ridge	歐帕納山脊
Oahu	歐胡島
Amman	安曼
Fort Ontario	安大略堡
Antwerp	安特衛普
Annam	安南
Anatolia	安納托利亞
Angola	安哥拉
Ankara	安卡拉
Arnhem	安恆
Anzio	安奇奧
Amboina Island	安汶島
Enfield	恩菲特
Eniwetok	恩尼維托克島
Hendaye	昂代伊
Epirus	伊庇魯斯
Irrawaddy plain	伊洛瓦底江平原
Istria	伊斯特里亞
Ischia	伊斯基亞島
Ethiopia	衣索比亞
Elbe River	易北河
Jakarta	雅加達
Yalta	雅爾達
Aberdeen Proving Ground	亞伯丁試驗場
Albert Canal	亞伯特運河
Jablonica Pass	亞布盧尼齊亞隘口
Apennines	亞平寧山脈
Adriatic Sea	亞得里亞海

中文	英文
Aden	亞丁
Alexandria	亞歷山卓
Aqaba	亞喀巴
Aceh	亞齊
Sea of Azov	亞速海
Alsace-Loraine	亞爾薩斯－洛林
Yukhnov	尤赫諾夫
Utah	猶他
Rock Island Arsenal	巖島工廠
Ingermanland	因格曼蘭
Indochina	印度支那
Rangoon	仰光
Imphal	英帕爾
Raj	英屬印度
Urals	烏拉山脈
Houx	烏鎮
Wotje	沃特傑島
Wotan	沃坦
Voronezh	沃羅涅日
Val d'Aosta	瓦萊達奧斯塔
Walcheren	瓦刻藍島
Oise	瓦茲河
Wartheland	瓦爾特蘭
Volga	窩瓦河
Ottawa	渥太華
Transcarpathian	外喀爾巴阡地區
Transylvania	外西凡尼亞
Transjordan	外約旦
Willow Run	威洛蘭恩
Wake	威克島
Wesel	威塞耳
Vitebsk	維特斯克
Vella Lavella	維拉拉維拉島
Wieluń	維隆
Vichy	維琪
Vistula	維斯杜拉河
Vilnius	維爾紐斯
Vileyka	維伊列卡
Wannsee	萬湖
Vincennes	萬塞訥

中文	英文
Wembley	溫布利
Winneba	溫尼巴

人名

中文	英文
Daniel Barbey	巴貝
Ba Maw	巴莫
George Patton	巴頓
Pietro Badoglio	巴多格里奧
David BensusanButt	巴特
Gladeon Barnes	巴奈斯
Richard Barry	巴里
Alexander Patch	巴區
Anatoli Bakanichev	巴卡尼切夫
Geoffrey de Barkas	巴卡斯
Herbert Backe	巴克
Simon Bolivar Buckner	巴克勒
Max Bastian	巴斯蒂安
William Bartholomew	巴薩洛繆
Ernest Barnes	巴恩斯
David Boder	伯德爾
Virgil Bottom	伯頓
Moritz Julius Bonn	伯恩
Friedrich von Bernhardi	伯恩哈迪
James Byrnes	伯恩斯
Arthur Pope	波普
Charles Portal	波特爾
Panteleimon Ponomarenko	波諾馬連科
Fedor von Bock	波克
Edward Bowen	波文
Omer Bartov	白德甫
Aristide Briand	白里安
Arthur Percival	白思華
Giuseppe Bottai	博塔伊
Emilio De Bono	博諾
Ahmad Boestamam	博斯達曼
Otto von Bismarck	俾斯麥

中文	英文
William Beveridge	貝佛里奇
Philippe Pétain	貝當
Odilla Bertolotti	貝托洛蒂
President Beneš	貝奈斯總統
Ahmed Ben Bella	貝拉
Leslie Hore-Belisha	貝里夏
Hirsch Belinski	貝林斯基
Ludwig Beck	貝克
Werner Best	貝斯特
Joseph Bell	貝爾
Ernest Bevin	貝文
Isaiah Bowman	包曼
Friedrich Paulus	保盧斯
Martin Bormann	鮑曼
Boris	鮑里斯沙皇
Hans Bauer	鮑爾
Stepan Bandera	班德拉
Victor Cavendish Bentinck	班廷克
Benedict XV	本篤十五世
Bung Tomo	邦托莫
Georges Bonnet	邦內
Beaverbrook	比弗布魯克
Piraeus	比雷埃夫斯
Nicolaus von Below	比羅
Rash Behari Bose	比哈里・伯斯
Menachem Begin	比金
Johannes Björklund	比約克倫德
Frank Fletcher	佛萊契
Francisco Franco	佛朗哥
Cyril Falls	佛爾斯
Pius XII	庇護十二世
John Bevan	畢文
Oleksii Fedorov	費多羅夫
Ferenc Szálasi	費倫茨
Louis Fischer	費歇爾
Fritz Fischer	費雪
Edmund Veesenmeyer	費森麥耶
Tuvia Bielski	別爾斯基

中文	英文
Henry Boot	布特
William Butement	布特曼
Johannes Blaskowitz	布拉斯可維茲
Thomas Blamey	布萊米
Omar Bradley	布萊德雷
Jules Brérié	布雷里耶
Walther von Brauchitsch	布勞齊區
Erich Brandenberger	布蘭登貝格
H. Runham Brown	布朗
Christopher Browning	布朗寧
Günther Blumentritt	布魯門提特
Léon Blum	布魯姆
Michel Brut	布魯特
Alan Brooke	布羅克
Fenner Brockway	布羅克韋
Ernst Busch	布西
Vannevar Bush	布希
Alexandros Papagos	帕帕哥斯
Maurice Papon	帕彭
George Padmore	帕德莫爾
Pál Teleki	帕爾
Ante Pavelić	帕維里奇
William Patterson	派特森
Margery Perham	佩勒姆
William Pelley	佩利
Richard Peck	佩克
Giovanni Pesce	佩西
Muhamed Pandža	潘札
Henry Maitland Wilson	亨利・梅特蘭・威爾遜
Henry Wilson	亨利・威爾遜
Albrecht Penck	彭克
Karl Pearson	皮爾森
Walter Funk	馮克
Sebastiano Visconti Prasca	普拉斯卡
Paul Pleiger	普萊格

中文	英文
Giovanni Preziosi	普雷齊奧西
Hans Plendl	普倫德爾
Demetrios Psarros	普薩羅斯
Frederick Morgan	摩根
Henry Morgenthau	摩根索
Mohammad Mosaddeq	摩薩台
Wolfgang Martini	馬提尼
Jacques Maritain	馬里丹
Rodion Malinovskii	馬利諾夫斯基
Erich Marcks	馬克斯
Georg Mackensen	馬肯森
Vladko Maček	馬切克
Stepan Marchyk	馬丘克
Ali Maher	馬希爾
George Marshall	馬歇爾
Mathilde Dardant	瑪蒂爾德
Mary Adams	瑪麗
Marguerite Gonnet	瑪格麗特
Martha Gellhorn	瑪莎
Walter Model	莫德爾
Stuart Morris	莫里斯
Herbert Morrison	莫里森
Vyacheslav Molotov	莫洛托夫
André Maurois	莫洛亞
Rodion Morgunov	莫古諾夫
Moyne	莫因
John McGovern	麥戈文
Dwight Macdonald	麥克唐納
Lesley McNair	麥克奈爾
Archibald MacLeish	麥克里希
Douglas MacArthur	麥克阿瑟
Mackenzie King	麥肯齊・金
Eberhard von Mackensen	麥肯森
Charles Madge	麥吉
Halford Mackinder	麥金德
Ivan Maisky	麥斯基
Benito Mussolini	墨索里尼
Hans Mayer	邁亞

中文	英文
Ioannis Metaxas	梅塔克薩斯
Victor Méric	梅里克
Giovanni Messe	梅希
Otto Merker	梅爾克
Gustav von Mauchenheim	毛亨海姆
Anton Mussert	繆塞特
Hasso von Manteuffel	曼陶菲爾
Carl Gustaf Mannerheim	曼納海姆
Norman Manley	曼利
Erich von Manstein	曼斯坦
Louis Mountbatten	蒙巴頓
Abe Mohnblum	蒙布魯姆
Bernard Montgomery	蒙哥馬利
Robert Menzies	孟席斯
Eugen Müller	米勒
Mihai Antonescu	米哈伊
Draža Mihailović	米哈伊洛維奇
King Michael	米哈伊國王
A. A. Milne	米恩
Milner	米爾納
Erhard Milch	米爾希
Andrei Zhdanov	日丹諾夫
Marc Mitscher	密茲契
Harold Moody	穆迪
Heinrich Müller	穆勒
Ruhullah Musavi	穆薩維
James Farmer	法瑪爾
King Farouk	法魯克國王
Nikolaus von Falkenhorst	法爾肯霍斯特
Jonathan Fifi'i	菲菲伊
William Phillips	菲利普斯
Hans Fischer	菲舍爾
Hubertus van Mook	范莫克
Alexander Vandegrift	范德格里夫特

中文	英文
Arthur Vandenberg	范登堡
Nikolai Vatutin	范屠亭
Robert Vansittart	范西塔特
Andrei Vlasov	弗拉索夫
Bernard Freyberg	弗萊堡
Henri Frenay	弗雷奈
Albert De Vleeschauwer	弗雷施豪爾
Aubert Frère	弗雷爾
Felix Frankfurter	弗蘭克福特
Hans Frank	弗朗克
Ferdinand von Sammern-Frankenegg	弗朗肯內格
HansGeorg von Friedeburg	弗里德堡
Henry Ford	福特
J. F. C. Fuller	富勒
Klaus Fuchs	富赫斯
Édouard Daladier	達拉第
François Darlan	達朗
Kurt Daluege	達呂格
Georges-Thierry d'Argenlieu	達尚禮
Emmanuel d'Astier de la Vigerie	達斯提耶
Döme Sztójny	德梅
Charles Delestraint	德勒斯特朗
Cesare De Vecchi	德維齊
Charles de Gaulle	戴高樂
Vivian Dykes	戴克斯
Martin Dies	戴斯
Deir el Shein	戴爾夏恩
Norman Davis	戴維斯
Hugh Dowding	道丁
Hugh Dalton	道爾頓
Theodor Dannecker	丹內克
Raymond Daniell	丹尼爾
Henri Dentz	丹茲
Dajjal	旦札里

中文	英文
Miles Dempsey	鄧普賽
Karl Dönitz	鄧尼茲
Semyon Timoshenko	提摩盛科
Jacob Devers	狄費爾斯
Sepp Dietrich	狄特里希
Josip Broz Tito	狄托
Goldsworthy Lowes Dickinson	狄更森
Oskar Dirlewanger	迪勒萬格
John Deane	迪恩
John Dill	迪爾
Henry Tizard	蒂澤德
Jozef Tiso	蒂索
W. E. B. Du Bois	杜波伊斯
Lee DuBridge	杜布里吉
Allen Dulles	杜勒斯
James Doolittle	杜立德
Harry S. Truman	杜魯門
Giulio Douhet	杜黑
John Dollard	多拉德
Friedrich Dollmann	多爾曼
Luis Taruc	塔魯克
Jean de Lattre de Tassigny	塔西尼
Tarnopol	塔爾諾波爾
Josef Terboven	特博文
Frederick Terman	特曼
John Turner	特納
Jean Texcier	特西耶
Nikola Tesla	特斯拉
Arthur Tedder	泰德
William Temple	坦普爾
Henri Rol-Tanguy	坦吉
James Thompson	湯普森
William Donovan	唐納文
Hugh Trenchard	滕恰德
Richmond Turner	屠納
Mikhail Tukhachevsky	圖哈契夫斯基

中文	英文
Georg Thomas	托馬斯
Tomislav II	托米斯拉夫二世
Fritz Todt	托德
Arthur Nebe	內貝
Milan Nedić	內迪奇
Allan Nevins	內文斯
Lewis Namier	納米爾
Gamal Abdel Nasser	納瑟
Henri Navarre	納瓦爾
Archibald Nye	奈伊
Reinhold Niebuhr	尼布爾
Chester Nimitz	尼米茲
Nikolai Novikov	尼古拉・諾維科夫
Harold Nicolson	尼科爾森
Jawaharlal Nehru	尼赫魯
Léon Nisand	尼桑
Donald Nelson	尼爾森
Julius Nyerere	尼耶雷雷
Konstantin von Neurath	紐賴特
Charles Noguès	諾蓋
Frank Knox	諾克斯
Karl Raabe	拉貝
William Rappard	拉帕德
Fiorello La Guardia	拉瓜迪亞
Friedrich Ratzel	拉采爾
Rudolf Rahn	拉恩
Lala Lajpat Rai	拉伊帕雷
Pierre Laval	拉瓦爾
Randolph	藍道夫
John Randall	藍道爾
Lionel Lamb	藍來訥
Philippe Leclerc	勒克萊爾
Rafael Lemkin	萊姆金
Lai Tek	萊特
Robert Ley	萊伊
Erich Raeder	賴德爾
von Reichenau	賴赫勞
Pavel Rybalko	雷巴爾科
Bertram Ramsay	雷姆賽

中文	英文
Paul Reynaud	雷諾
Hans Reinhardt	雷因哈特
Jose P. Laurel	勞雷爾
Pethwick-Lawrence	勞倫斯
David Lloyd George	勞合喬治
Wendy Lower	勞爾
James Landis	蘭迪斯
Jeannette Rankin	蘭金
Liza Lozinskaya	麗莎
Joachim von Ribbentrop	李賓特洛甫
Ritter von Leeb	李布
Trafford Leigh-Mallory	李馬洛
Curtis LeMay	李梅
William Leahy	李海
von Richthofen	李希霍芬
Oliver Leese	李斯
Wilhelm List	李斯特
Maxim Litvinov	李維諾夫
Solomon Levinson	李文森
Gerhart Riegner	里格納
Neil Ritchie	里奇
Gustav Richter	里希特
J. R. Rees	里斯
Abraham Lewin	里文
Frederick Lindemann	林德邁
Linlithgow	林里斯戈
Emanuel Ringelblum	林格布魯姆
John Lucas	盧卡斯
Erich Ludendorff	魯登道夫
Roman Rudenko	魯堅科
Oswald Lutz	魯茲
Robert Lewis	路易斯
Paul Robeson	羅伯遜
Donald Roebling	羅布林
Igal Roodenko	羅登科
Davide Rodogno	羅多尼奧

中文	英文
Pavel Rotmistrov	羅特米斯托夫
Konstantin Rokossovskii	羅柯索夫斯基
Joseph Rochefort	羅希福特
Hermann Röchling	羅希林
Louis Rothschild	羅斯柴爾德
Alfred Rosenberg	羅森堡
Stefan Rowecki	羅維茨基
Anton Lopatin	洛帕欽
Robert Bruce Lockhart	洛克哈特
Charles Lockwood	洛克伍德
Norman Rockwell	洛克威爾
Lokhvitsa	洛赫維察
Hinrich Lohse	洛澤
Bernhard von Lossberg	洛斯貝爾格
Lloyd	洛伊德
Gerd von Rundstedt	倫德斯特
A. Philip Randolph	倫道夫
Wilhelm Runge	倫格
Arthur Longmore	隆莫爾
Erwin Rommel	隆美爾
Luigi Longo	隆戈
Samuel Breckinridge Long	隆恩
Risto Ryti	呂蒂
Joseph Goebbels	戈培爾
William Gott	戈特
Hermann Göring	戈林
Robert Ghormley	哥姆雷
Klement Gottwald	哥特瓦爾德
Rodolfo Graziani	格拉齊亞尼
Arthur Greiser	格萊澤爾
Douglas Gracey	格雷西
Dino Grandi	格蘭迪
Hans Grimm	格里姆
Tadeusz Grygier	格里吉
Zalman Grinberg	格林伯格
Roy Grinker	格林克

中文	英文
Joseph Grew	格魯
Odilo Globocnik	格洛博克尼克
Edward Glover	格洛弗
Reinhard Gehlen	格倫
Henry Gurney	葛尼
Gero von Gaervenitz	蓋弗尼茨
Rashid Ali alKailani	蓋拉尼
Hans Geisler	蓋斯勒
Hermann Geyer	蓋爾
Ahmad Qavam	蓋瓦姆
J. K. Galbraith	高伯瑞
John Gort	高特
Maurice Gamelin	甘末林
Antonio Gandin	甘丁
Jomo Kenyatta	甘耶達
Jacob Gens	根斯
Colin Gubbins	古賓斯
Heinz Guderian	古德林
David Ben-Gurion	古里昂
Alfredo Guzzoni	古佐尼
Jacqueline Cochran	賈桂琳
Carl Goerdeler	郭德勒
Guido Guidi	貴迪
Habbaniya	哈巴尼亞
Muhammad Hatta	哈達
Averell Harriman	哈里曼
Tom Harrisson	哈里遜
Arthur Harris	哈里斯
Earl Harrison	哈里森
Halifax	哈利法克斯
Roy Halloran	哈洛倫
Emil Hácha	哈卡
Franz Halder	哈爾德
Frank Capra	卡普拉
Bronislav Kaminsky	卡明斯基
Hans Kammler	卡姆勒
Josef Kammhuber	卡姆胡伯
Ugo Cavallero	卡伐里羅
Daniel Callaghan	卡拉漢
King Carol	卡羅爾國王

中文	英文
Friedrich Katzmann	卡茲曼
Giuseppe Castellano	卡斯特拉諾
Ludwig Kastl	卡斯特爾
Nicholas Kaldor	卡爾多
Dietrich von Choltitz	柯提茨
Marie-Pierre Koenig	柯尼希
Ivan Konev	柯涅夫
Ivan Konev	柯涅夫
André Corap	柯拉普
Alexandros Koryzis	柯里齊斯
Alex Kirk	柯克
Erich Koch	柯赫
Arthur Koestler	柯斯勒
Max Corvo	柯爾沃
Jock Colville	柯維爾
Lev Kopelev	科別列夫
Tadeusz Bór-Komorowski	科莫羅夫斯基
Enrico Corradini	科拉迪尼
Norman Kirk	科克
Elizaveta Kochergina	科切吉娜
Cosmo Lang	科斯莫朗
E. M. Cowell	科威爾
William Kepner	克普納
William Knudsen	克努德森
Clara Petacci	克拉拉
Dudley Clarke	克拉克
Mark Clark	克勒克
Ewald von Kleist	克萊斯特
Otto Kretschmer	克雷奇默
Stafford Cripps	克里普斯
Christian X	克里斯蒂安十世
Victor Krulak	克魯拉克
Günther von Kluge	克魯格
Zygmunt Klukowski	克魯科夫斯基
Herman Kruk	克魯克
Chlodwig zu Hohenlohe-Schillingsfürst	克洛德維希

中文	英文
Walter Kerr	克爾
Wilhelm Keitel	凱特爾
Frank Kellogg	凱洛格
Henry Kaiser	凱薩
Albert Kesselring	凱賽林
Alec Cairncross	凱恩克羅斯
John Maynard Keynes	凱因斯
Theodore Kaufman	考夫曼
Alan Kirk	寇克
Curzon	寇松
Paul Körner	寇爾納
Pedro Albizu Campos	坎波斯
Hadley Cantrill	坎特里爾
Werner Kempf	肯夫
Leon Kubowitzki	庫伯維茨基
Wilhelm Kube	庫貝
Felipa Culala	庫拉拉
Walter Krueger	庫魯格
Charles Coughlin	庫格林
Fritz Küster	庫斯特
Rudolf Kühnhold	庫恩霍爾德
Igor Kurchatov	庫爾恰托夫
Vidkun Quisling	奎斯林
Birthe Kundrus	昆德魯斯
Ayatollah Khomeini	何梅尼
Brian Horrocks	何洛克斯
Max Horton	賀爾頓
Gotthard Heinrici	黑利奇
Konrad Meyer-Hetling	赫特林
Horace Wilson	赫拉斯・威爾遜
Antoni Chruściel	赫魯希切爾
Nikita Khrushchev	赫魯雪夫
Lewis Hershey	赫希
Rudolf Hess	赫斯
Cordell Hull	赫爾
Patrick Hurley	赫爾利
Ivan Khvesk	赫維斯克

中文	英文
Mykola Khvesyk	赫維塞克
Reinhard Heydrich	海德里希
William Halsey	海爾賽
Karl Haushofer	豪斯霍夫
Amin al-Husayni	侯賽尼
Maurice Hankey	漢基
Herbert Hoover	胡佛
Theodor Hupfauer	胡普法爾
Jamal al-Husayni	胡塞尼
Eduard Wagner	華格納
Aleksandr Vasilevskii	華西列夫斯基
Robert Watson-Watt	華生瓦特
Franz Hofer	霍佛
Harry Hopkins	霍普金斯
Henry Hopkinson	霍普金森
Iryna Khoroshunova	霍洛舒諾娃
Eugene Horowitz	霍洛維茲
Courtney Hodges	霍奇斯
John Hodge	霍吉
Hermann Hoth	霍斯
Fritz Hossbach	霍斯巴赫
Trent Hone	霍恩
Miklós Horthy	霍爾蒂
Thomas Holcomb	霍爾科姆
Edmund Glaise von Horstenau	霍爾斯特瑙
Walter White	懷特
Rabbi Stephen Wise	懷斯拉比
Noel Wild	懷爾德
Dennis Wheatley	惠特利
Charles Huntziger	洪齊格
Karl Kitzinger	基辛格
Roger Keyes	基斯
Aleksei Kislenko	基斯連科
Milovan Djilas	吉拉斯
Henri Giraud	吉羅
Georgi Dimitrov	季米特洛夫
Galeazzo Ciano	齊亞諾
Italo Gariboldi	加里波底

中文	英文
Mikhail Kalinin	加里寧
Juan Pujol García	加西亞
John Shuckburgh	夏克伯格
Robert Jackson	傑克森
Giovanni Giolitti	喬利蒂
Alphonse Georges	喬治
George Bell	喬治・貝爾
Subhas Chandra Bose	錢德拉・伯斯
Henry Channon	錢農
Husband Kimmel	金默爾
Thomas Kinkaid	金開德
Ernest King	金恩
Otto Günsche	京舍
Somerset de Chair	切爾
Fritz Sauckel	招克爾
Winston Churchill	邱吉爾
Georg von Küchler	屈希勒
Lucian Truscott	屈斯考特
MarcelBruno Gensoul	瓊蘇爾
Sydney Silverman	西爾弗曼
Heinrich Himmler	希姆萊
Adolf Hitler	希特勒
Andrew Higgins	希金斯
Geyr von Schweppenburg	希維本堡
Adna Chaffee	霞飛
Dick Sheppard	謝波德
Vera Sheina	謝娜
Sergei	謝爾蓋
John Huston	休斯頓
Mohan Singh	辛格
Archibald Sinclair	辛克萊
Charles Marshall	查爾斯・馬歇爾
Isaak Zaltsman	札爾茨曼
Kurt Zeitzler	柴茲勒
Jane Addams	珍・亞當斯
Muhammad Jinnah	真納
Claire Chennault	陳納德
Neville Chamberlain	張伯倫
Queen Juliana	朱麗安娜女王
Georgii Zhukov	朱可夫
Alphonse Juin	朱安
Georgios Tsolakoglou	卓拉科古魯
Henning von Tresckow	垂斯考
Carl Schmitt	施密特
Karl-Wilhelm von Schlieben	施利本
Carl Spaatz	史巴茲
Oswald Spengler	史賓格勒
Hugo Sperrle	史培萊
Albert Speer	史佩爾
John Spiegel	史匹格
Douglas Springhall	史平浩
Raymond Spruance	史普勞恩斯
Jan Smuts	史莫茲
Holland Smith	史密斯
Jay Holmes Smith	史密斯牧師
Joseph Stalin	史達林
Oliver Stanley	史丹利
Joseph Stilwell	史迪威
Wilhelm Stapel	史塔佩爾
Harold Stark	史塔克
Edward Stettinius	史特蒂紐斯
Gustav Stresemann	史特雷斯曼
David Strangeways	史特蘭吉威斯
Jürgen Stroop	史特魯普
James Stern	史特恩
Laurence Steinhardt	史泰恩哈特
Claus Schenk von Stauffenberg	史陶芬堡
Henry Stimson	史汀生
Karl Stumpp	史圖姆普
HansJürgen Stumpff	史圖姆普夫
William Slim	史林
Kenneth Strong	史壯
Jean-Paul Sartre	沙特

中文	英文
Hjalmar Schacht	沙赫特
Hans von Salmuth	沙爾莫斯
Karl-Otto Saur	紹爾
Jean Moulin	尚穆蘭
Jean Guénenno	尚格諾
Ferdinand Schörner	舒奈爾
Paul Schultz	舒爾茨
Erich von dem Bach-Zalewski	熱勒維斯基
Plaek Phibunsongkhram	頌堪
Napoleon Zervas	澤爾瓦斯
Solly Zuckerman	祖克曼
Shalom Zorin	佐林
King Zog	佐格國王
Vasily Chuikov	崔可夫
Kurt Student	司徒登
John Stagg	斯戴格
Abraham Stern	斯特恩
CarlHeinrich von Stülpnagel	斯徒普納格
Georg Stumme	斯圖美
John Slessor	斯萊塞
Scavizzi	斯卡維齊
Hassan Sabry	薩布里
James Somerville	薩默維爾
Albert Sarraut	薩羅
Haile Selassie	塞拉西
Cecil	塞西爾
Howard Thurman	瑟曼
Nuri al-Sa'id	賽義德
Sukarno	蘇卡諾
Arthur Sulzberger	蘇茲伯格
Jacques Soustelle	蘇斯特爾
Ivan Susloparov	蘇斯洛帕羅夫
Ubaldo Soddu	索杜
Boris Sokolov	索科洛夫
Vasily Sokolovskii	索科洛夫斯基
Henryk Szoszkies	索斯基斯
Prince Abdulillah	阿卜杜勒伊拉親王

中文	英文
Djalal Abdoh	阿卜杜赫
Tunku Abdul Rahman	阿布都拉曼
King Abdullah	阿布杜拉國王
Abd al-Ilah	阿布杜勒
John Appel	阿佩爾
Amadeo of Savoy	阿梅迪奧
Quirino Armellini	阿梅里尼
Edwin Armstrong	阿姆斯壯
Icheskel Atlas	阿特拉斯
Mordechai Anielewicz	阿涅萊維奇
Henry Arnold	阿諾德
Archibald Arnold	阿奇博德
Nnamdi Azikiwe	阿齊基韋
Charles-Robert Ageron	阿傑隆
Askania Nord	阿斯卡尼亞諾德
HansJürgen von Arnim	阿爾寧
Stephen Early	厄里
Ferdinand Eberstadt	埃伯斯塔特
Franz Ritter von Epp	埃普
Vittorio Emanuele III	埃馬努埃萊三世
Walter Emmerich	埃莫里希
Hans Ehlich	埃利希
Earl Ellis	埃利斯
Elmer Davis	埃爾莫・戴維斯
Amy Johnson	艾米
Clement Attlee	艾德禮
Anthony Eden	艾登
William Allen White	艾倫懷特
Dean Acheson	艾奇遜
Adolf Eichmann	艾希曼
Dwight D. Eisenhower	艾森豪
Edith Rogers	愛迪絲・羅傑斯
Eleanor	愛蓮娜

中文	英文
Ilya Ehrenberg	愛倫堡
Vittorio Orlando	奧蘭多
Marcus Oliphant	奧利芬特
Otto Ohlendorf	奧倫朵夫
Amanke Okafor	奧卡福
Leonid Okon	奧肯
Claude Auchinleck	奧欽列克
Pavel Oshchepkov	奧什切科夫
Alfred Godwin-Austen	奧斯汀
Vittorio Ambrosio	安布羅西奧
Andrew Cunningham	安德魯・康寧漢
Kenneth Anderson	安德森
Władysłav Anders	安德爾斯
Ion Antonescu	安東尼斯古
Aleksei Antonov	安東諾夫
Stanley Embick	恩比克
Kwame Nkrumah	恩克魯瑪
Idris	伊德里斯
Ismet Inönü	伊諾努
Hastings Ismay	伊斯美
Eva Braun	伊娃
Ira Eaker	依克
Ronald Adam	亞當
Harold Alexander	亞歷山大
Aleksandr Novikov	亞歷山大・諾維科夫
Arthur Coningham	亞瑟・康寧漢
Friedrich Jeckeln	耶克爾恩
H. B. Jassin	耶辛
Andrei Yeremenko	顏里明科
Telesio Interlandi	英特蘭迪
William Inge	英格
Arthur SeyssInquart	英夸特
Konstantin Oumansky	烏曼斯基
J. Woodall	伍德爾
Otto Wuth	伍特
Leonard Woolf	伍爾夫
William Wharton	沃頓

中文	英文
Rhoza Walker	沃克
Hugh Seton-Watson	沃森
Karl Wolff	沃爾夫
Éamon de Valera	瓦勒拉
Valerian Zorin	瓦列里安
Jorge Vargas	瓦爾加斯
Wilhelmina	威廉明娜
Raymond Westerling	威斯特林
Dieter Wisliceny	威斯里切尼
Wendell Willkie	威爾基
Peter Wilkinson	威爾金森
Woodrow Wilson	威爾遜
Charles Wilson	威爾森
Clara Viebig	維比格
Queen Victoria	維多利亞女王
Aris Velouchiotis	維魯希奧蒂斯
Andrei Vyshinsky	維辛斯基
William Werner	維爾納
Orio Vergani	維爾加尼
Vera Brittain	薇拉
Archibald Wavell	魏菲爾
Albert Wedemeyer	魏德邁
Heinrich von Vietinghoff-Scheel	魏庭霍夫
Maxime Weygand	魏剛
Maximilian von Weichs	魏克斯
Chaim Weizmann	魏茨曼
Erhard Wetzel	魏策爾
Henry Wimperis	溫珀里斯
Jonathan Wainwright	溫萊特
Gerald Winrod	溫羅德
Walther Wenck	溫克
Aung Sang	翁山
Alfred Jodl	約德爾
John Foster Dulles	約翰・杜勒斯
Yiannis Ioannidis	約安尼迪斯